Die schönsten Berliner U-Bahnhöfe

Martin-Niemöller-Haus 300 m
St.-Annen-Kirche 250 m
Dahlem-Dorf
U-Bhf Dahlem-Dorf

Dahlem-Dorf

Christian Simon

DIE SCHÖNSTEN BERLINER U-BAHNHÖFE

Mit Fotos von Uwe Friedrich

Paracelsus-Bad

Inhalt

Nollendorfplatz

Vorwort

Die schönsten U-Bahnhöfe der Welt hat Berlin sicherlich nicht. Wenn man sie zum Beispiel mit den palastartigen Stationen der Moskauer Metro vergleicht, wird das offensichtlich. Sie wurden schon zu Zeiten Stalins im Stil eines sozialistischen Klassizismus prunkvoll mit Kronleuchtern, Marmor, Mosaiken und Stuck ausgestattet. Im preußisch-sparsamen Berlin begnügte man sich dagegen meist mit bescheidener, praktischer Funktionalität. Meist – aber nicht immer. Dieses Buch soll den Fahrgast, der meist eilig unterwegs ist, auf die architektonischen Schönheiten Berliner U-Bahnhöfe aufmerksam machen. Oft hetzt man im Alltag achtlos daran vorbei.

»Schönheit« ist natürlich Geschmackssache. Wen beispielsweise die kathedralenartigen Kreuzgewölbe im Bahnhof → Heidelberger Platz beeindrucken, der mag sich von den Bahnhöfen in grellen Farben im Stil des Pop-Art abgestoßen fühlen – und umgekehrt.

Von den 175 Bahnhöfen wurden 30 Stationen ausgewählt, wobei diese Auswahl sicher subjektiv ist. Uwe Friedrich setzte die Bahnhöfe fotografisch in Szene. Im Laufe von 125 Jahren Berliner U-Bahn kamen immer neue Strecken und neue Bahnhöfe hinzu. In diesem Buch sind auch die ältesten und die jüngsten Stationen vertreten. Ihre baulichen Ausgestaltungen entsprachen dabei auch immer dem Zeitgeist der jeweiligen Epoche und dem Einfallsreichtum ihrer Erbauer. Vor allem zwei Architekten haben die Berliner U-Bahnhöfe maßgeblich geprägt: Alfred Grenander (1863–1931) und Rainer Gerhard Rümmler (1929–2004). Beide zusammen wirkten an etwa zwei Dritteln aller Bahnhöfe mit. Daher ist es fast zwangsläufig, dass bei dieser Auswahl Grenander für neun Bahnhöfe verantwortlich ist, Rümmler für acht.

Um dem Leser die Orientierung zu erleichtern, wird bei Namensänderungen eines Bahnhofes immer der aktuelle Name genannt – sofern nicht anders angegeben.

Christian Simon
Berlin-Südende
im Januar 2023

Heidelberger Platz

Eine kurze Geschichte der Berliner U-Bahn

Die Vorgeschichte

Am 1. Januar 1847 nahm die Concessionierte Berliner Omnibus Compagnie ihre erste Pferdebuslinie vom Alexanderplatz in den Tiergarten in Betrieb. Bis 1864 gab es in Berlin 36 weitere Busunternehmen. Die Berliner Pferde-Eisenbahn-Gesellschaft E. Besckow fuhr ab dem 22. Juni 1865 die Strecke zwischen dem Brandenburger Tor und Charlottenburg. 1895 gab es schon 55 Pferdebahnlinien.

Bereits 1879 hatte Werner (von) Siemens auf der Berliner Gewerbeausstellung sein elektrisch betriebenes Schienenfahrzeug vorgestellt. Am 16. Mai 1881 richtete Siemens die erste elektrische Straßenbahnlinie der Welt ein. Sie verband den Bahnhof Lichterfelde Ost mit der Hauptkadettenanstalt im damaligen Vorort Groß-Lichterfelde. Bis zum 21. August 1902 wurden alle Berliner Pferdebahnlinien nach und nach auf einen elektrischen Betrieb umgestellt. Da fuhr die Berliner Hoch- und Untergrundbahn schon einige Monate lang mit Strom.

Obwohl Siemens & Halske die Berliner U-Bahn auf den Weg brachte, baute der Konkurrent AEG bereits 1895 die ersten beiden unterirdischen Bahntunnel Berlins. Unter der Voltastraße verband ein 270 Meter langer Tunnel die AEG-Betriebsgelände an der Ackerstraße und der Brunnenstraße. Hier verkehrte seit 1895 eine elektrische Kleinbahn mit einer Geschwindigkeit von maximal 30 Stundenkilometern, um unbehindert vom Straßenverkehr Material und Arbeiter transportieren zu können. Sie gilt als die erste kontinentaleuropäische Untergrundbahn. Zur gleichen Zeit baute die AEG auch einen Tunnel zwischen dem Treptower Park und der Halbinsel Stralau unter der Spree, in dem von 1899 bis 1932 eine Straßenbahn verkehrte. Dieser Tunnel ist jedoch im Gegensatz zum Tunnel Voltastraße nicht mehr erhalten. Aber mit beiden Tunneln war im Hinblick auf die spätere U-Bahn der Beweis erbracht, dass eine Personenbeförderung unter der Erde und unter Gewässern technisch möglich ist.

Die ersten drei Jahrzehnte

Doch den Zuschlag für eine elektrische Hoch- und Untergrundbahn in Berlin bekam Siemens & Halske. Das Unternehmen hatte bereits umfangreiche Planungsvorarbeiten geleistet und schon 1896 eine U-Bahn für Budapest gebaut. Siemens & Halske wollte in Berlin jedoch nur die Bauleitung übernehmen und weder als Bauherr noch Betreiber fungieren. Deshalb gründete die Elektrofirma mithilfe der Deutschen Bank im April 1897 die Gesellschaft für elektrische Hoch- und Untergrundbahnen in Berlin. Der erste Spatenstich erfolgte jedoch schon am 10. September 1896 in der Gitschiner Straße in Kreuzberg in Höhe des Patentamtes. Die rund zehn Kilometer lange »Stammstrecke« verlief zum größten Teil als Hochbahn. Die auf Stelzen gebauten Trassen wurde damals vielfach als »Verschandelung« der Stadt empfunden. Deshalb bestand die Stadt Charlottenburg auf einer unterirdischen Linienführung zum Bahnhof → Zoologischer Garten. Daher musste die Hochbahn nach dem Hochbahnhof → Nollendorfplatz über eine Rampe in den Untergrund fahren. Ebenso war es beim Abzweig von der Stammstrecke am Gleisdreieck zum Bahnhof

Richard-Wagner-Platz

Potsdamer Platz. Doch die Behörden hatten erhebliche Einwände gegen die unterirdischen Linienführungen, weil sie eine Gefährdung des gerade erst fertiggestellten Netzes der Trinkwasserversorgung und Entwässerung befürchteten. Zudem musste man sich in langen Verhandlungen über die Gewinnbeteiligungen, den Streckenverlauf, die Grundstücksverkäufe usw. einigen.

Die Kölner Waggonfabrik van der Zypen & Charlier baute die ersten Berliner U-Bahnzüge.

Am 15. Februar 1902 wurden die drei Strecken mit einer Sonderfahrt mit geladenen Gästen aus Politik und Öffentlichkeit eingeweiht (sogenannte Ministerfahrt). Zwei festlich geschmückte Züge fuhren im Abstand von zehn Minuten vom Potsdamer Platz zum Zoologischen Garten, anschließend zurück über Gleisdreieck zum Stralauer Tor und dann zurück zum Gleisdreieck. Hier gab es in einem Maschinenraum einen Empfang mit Reden und Ordensverleihungen. Mit einer Fahrt zum Potsdamer Platz endete die Veranstaltung.

Die drei Linien mit Schnittpunkt am Gleisdreieck wurden 1902 etappenweise in Betrieb genommen:

18. Februar:	Stralauer Tor – Potsdamer Platz
11. März:	Potsdamer Platz – Zoologischer Garten
25. März:	Zoologischer Garten – Stralauer Tor

Damit hatte Berlin als erste Stadt in Deutschland eine U-Bahn. Schon im Eröffnungsjahr 1902 wurde die Stammstrecke an ihren beiden Enden um einen Bahnhof verlängert: Am 17. August von Stralauer Tor nach Warschauer Straße und am 14. Dezember von Zoologischer Garten nach Knie (seit 1953 Ernst-Reuter-Platz). Der Hochbahnhof Stralauer Tor an der Oberbaumbrücke wurde 1924 in Osthafen umbenannt und nach schweren Kriegszerstörungen 1945 nicht wieder aufgebaut.

Die unterirdische Linie vom Ernst-Reuter-Platz verlängerte man am 14. Mai 1906 über Bismarckstraße (heute Deutsche Oper) mit einer scharfen Kurve nach Norden bis Wilhelmplatz (seit 1935 → Richard-Wagner-Platz). Nahe dem Platz stand das am 20. Mai 1905 eröffnete monumentale Rathaus Charlottenburg, das nun einen U-Bahnanschluss hatte. Dieser U-Bahnhof wurde 1970 geschlossen und zwischen 1974 und 1978 durch einen Neubau, nunmehr im Zuge der U7, ersetzt.

Den U-Bahnhof Deutsche Oper hatte man gleich viergleisig gebaut. So konnten die Züge nicht nur zum Wilhelmplatz, sondern ab 29. März 1908 auch bis Reichskanzlerplatz fahren (seit 1963 Theodor-Heuss-Platz). Ab 8. Juni 1913 verlängerte man die Linie bis (Olympia-)Stadion.

Für einen Weiterbau durch die Innenstadt erwies sich der erst 1902 eröffnete U-Bahnhof Potsdamer Platz mit seinen zwei Seitenbahnsteigen wegen seiner Lage als ungeeignet. Also wurde er geschlossen und sozusagen daneben auf dem Leipziger Platz der heutige Bahnhof gebaut. Am 1. Oktober 1908 nahm die neue Linie den Betrieb auf, die zunächst in → Spittelmarkt endete. Auf eine feierliche Eröffnung hatte man verzichtet, weil es vier Tage zuvor am Gleisdreieck einen schweren Unfall mit 18 Toten gegeben hatte. Ein Zug war einem anderen in die Flanke gefahren, wobei ein Waggon zehn Meter in die Tiefe stürzte. Die Gleisanlage wurde umgebaut und am 3. November 1912 als neuer Kreuzungsbahnhof eröffnet. Der Name blieb erhalten, obwohl es nun kein Gleisdreieck mehr gab.

Die damals noch selbstständige Stadt Schöneberg eröffnete am 1. Dezember 1910 ihre U-Bahn, die zwischen Innsbrucker Platz und Nollendorfplatz verlief und nur fünf Bahnhöfe umfasste. Dabei gab es bis 1926 keine Gleisverbindung zwischen Berliner Hochbahn und Schöneberger U-Bahn.

1913 wuchs das Netz weiter, als die Linie von → Spittelmarkt ab dem 1. Juli bis Alexanderplatz und ab dem 27. Juli als Hochbahn bis Schönhauser Allee weiterführte. Zusätzlich eröffneten am 12. Oktober zwei Linien vom → Wittenbergplatz nach Uhlandstraße und Thielplatz (seit 2016 Freie Universität). Das machte einen völligen Neubau des Bahnhofs → Wittenbergplatz notwendig, der am 1. Dezember 1912 eröffnet wurde.

Da alle Linien – bis auf die kurze Schöneberger U-Bahn – annähernd in Ost-West-Richtung verliefen, sollten zwei Nord-

Süd-Verbindungen entstehen. Die Strecke im Verlauf der Friedrichstraße wollte die Stadt Berlin selbst bauen, die Strecke Gesundbrunnen–Neukölln über den Alexanderplatz wollte die AEG realisieren. Dafür gründete sie im März 1912 die AEG-Schnellbahn AG. Kurz nach Baubeginn im Mai 1914 brach der Erste Weltkrieg aus. Trotzdem konnte man einige Teilstücke realisieren, darunter auch die Bahnhöfe Bernauer Straße und Voltastraße, die bis Dezember 1916 weitgehend fertiggestellt waren. 1917 mussten die Arbeiten jedoch eingestellt werden. Zwischenzeitlich wurde sogar erwogen, die begonnenen Tunnel wieder zuzuschütten.

Mit dem Groß-Berlin-Gesetz von 1920 wurde durch Eingemeindung von Vororten und angrenzenden Städten die damals drittgrößte Stadt der Welt geschaffen. Damit lag das U-Bahnnetz vollständig auf Berliner Stadtgebiet. 1922 gründete die Stadt Berlin die Nordsüdbahn AG, um die beiden Nord-Süd-Linien fertigzustellen. Bereits am 30. Januar 1923 wurde die Strecke Hallesches Tor–Stettiner Bahnhof (heute Naturkundemuseum) mit Großprofil-Wagen eröffnet und am 8. März bis Seestraße verlängert (heute U6). Vom Halleschen Tor ging in zwei Etappen am 19. April und 14. Dezember 1924 der Abzweig über Mehringdamm bis Südstern in Betrieb, der am 11. April 1926 bis Karl-Marx-Straße verlängert wurde (heute U7).

Das Jahr 1926 brachte außerdem die Verbindung vom Mehringdamm zum Bahnhof Kreuzberg (seit 1975 Platz der Luftbrücke) am 14. April und die Eröffnung der Entlastungsstrecke Gleisdreieck über Kurfürstenstraße nach → Wittenbergplatz am 24. Oktober. Deswegen bekam der Hochbahnhof Nollendorfplatz zwei zusätzliche unterirdische, übereinander liegende Bahnsteige. Damit war auch eine Gleisverbindung zur Schöneberger Linie hergestellt.

Inzwischen versuchte die Stadt Berlin mit der Nordsüdbahn AG die Linie Gesundbrunnen–Neukölln (kurz GN-Bahn genannt, heute U8) fertigzustellen, an der die AEG gescheitert war. Am 17. Juli 1927 wurde der Abschnitt Boddinstraße – Schönleinstraße über → Hermannplatz in Betrieb genommen. Am 18. April 1930 konnte der gesamte Abschnitt Leinestraße – Gesundbrunnen eröffnet werden.

1926/27 erwarb die Stadt Berlin die Aktienmehrheit der Hochbahngesellschaft. Diese hatte bereits mit Eröffnung der GN-Bahn die vier Linienbezeichnungen A, B, C und D eingeführt, wovon sich drei Linien verzweigten:

Linie A I:	Schönhauser Allee – Richard-Wagner-Platz
Linie A I:	Deutsche Oper – Olympiastadion
Linie A II:	Alexanderplatz – Fehrbelliner Platz
Linie A II:	Fehrbelliner Platz – Freie Universität
Linie B I:	Warschauer Brücke – Innsbrucker Platz
Linie B II:	Warschauer Brücke – Uhlandstraße
Linie C I:	Seestraße – Karl-Marx-Straße
Linie C II:	Seestraße – Platz der Luftbrücke
Linie D:	Boddinstraße – Schönleinstraße

Am 1. Januar 1929 nahm die Berliner Verkehrs-Aktiengesellschaft den Betrieb auf. Sie wird seither in Berlin nur kurz BVG genannt. In dem neuen städtischen Unternehmen gingen die Gesellschaft für elektrische Hoch- und Untergrundbahnen in Berlin, die Allgemeine Berliner Omnibus AG (ABOAG) und die Berliner Straßenbahn-Betriebs-GmbH (BSBG) auf. Eine Tarifgemeinschaft gab es schon seit 1927/28.

Am 22. Dezember 1929 gab es gleich drei Erweiterungen: Von Olympiastadion nach Ruhleben, von Freie Universität nach Krumme Lanke und von Paradestraße nach Tempelhof (Südring).

Im Jahr 1930 wuchs das U-Bahnnetz für 26 Jahre vorläufig zum letzten Mal: Neben der Komplettierung der GN-Bahn (heute U8) am 18. April (s. o.), gab es ab dem 29. Juni eine Verlängerung von Schönhauser Allee nach Pankow (Vinetastraße). Am 21. Dezember wurde auf dem Neuköllner Abzweig nicht nur der Abschnitt Karl-Marx-Straße-Grenzallee eröffnet. Im Osten Berlins entstand mit der Linie E (heute U5) eine völlig neue U-Bahnverbindung von Alexanderplatz bis Friedrichsfelde mit zehn Bahnhöfen. Dadurch wurde der U-Bahnhof Alexanderplatz mit acht Gleisen an vier Bahnsteigen und umfangreichen unterirdischen Verbindungspassagen zum größten U-Bahnhof Berlins.

Das U-Bahnnetz war damit 75,9 Kilometer lang. Aber der im Spätsommer 1929 begonnene Bau weiterer U-Bahnstrecken in Neukölln (Hermannstraße, Linie D) und im Wedding (Müllerstraße, Linie C) musste wegen der Weltwirtschaftskrise im August 1931 abgebrochen werden.

Wenige Tage zuvor war der schwedische Architekt Alfred Grenander gestorben (*26. Juni 1863, †14. Juli 1931). Sein Hauptwerk war die Gestaltung von rund 70 der damals insgesamt 94 Berliner U-Bahnhöfe. Typisch für seine frühe Schaffensperiode sind die nietenbesetzten Stahlsäulen. Später führte er das Prinzip der »Kennfarben« ein, wonach jeder Bahnhof anhand der Farbe der Wandfliesen und Bahnsteigaufbauten unterschieden werden konnte. Außerdem gestaltete Grenander einige Pfeiler und Geländer der Hochbahn oder Kioske und Kassenhäuschen. Bekannt sind die von ihm geschaffenen Bahnhöfe Wittenbergplatz oder Märkisches Museum ohne Stützpfeiler für die Tunneldecke. Dass sein Name heute weitgehend unbekannt ist, mag an seinem Verzicht auf effektheischende Imposanz liegen. Außerdem ist Grenanders ursprüngliche Gestaltung bei vielen Bahnhöfen heute nicht mehr oder nur sehr verändert erhalten geblieben.

NS-Zeit

Im Dritten Reich beschäftigte man sich zunächst mit der Umbenennung von Bahnhöfen: Aus dem Reichskanzlerplatz (heute Theodor-Heuss-Platz) wurde der Adolf-Hitler-Platz, und der heutige U-Bahnhof Rosa-Luxemburg-Platz hieß ab dem 1. Mai 1934 Horst-Wessel-Platz, benannt nach dem ermordeten Sturmführer der SA.

Im Zusammenhang mit den Konzeptionen für den Umbau Berlins zur »Welthauptstadt Germania« sollte auch das U-Bahnnetz verändert und stark erweitert werden. Geplant waren Verlängerungen in die Außenbezirke und völlig neue Linien mit zahlreichen Verzweigungen. Die erhaltenen Unterlagen sind jedoch teils widersprüchlich und wirken stellenweise auch als nicht zu Ende gedacht.

Kernstück der Umgestaltungsmaßnahmen war die 120 Meter breite Nord-Süd-Achse, die an der überdimensionierten Kuppelhalle nahe dem Reichstag geendet hätte. Darunter sollte eine U-Bahnlinie die beiden großen Fernbahnhöfe verbinden, die im Bereich der heutigen Bahnhöfe Südkreuz und S-Bahnhof Wedding vorgesehen waren. Die Hochbahn im Bereich Gleisdreieck musste unter die Erde verschwinden, weil zwei querende Stahlgerüste nicht in den monumentalen Eindruck der Nord-Süd-Achse gepasst hätten. Dafür waren bereits nicht zusammenhängende Tunnelabschnitte gebaut worden, die jedoch 1947 teilweise gesprengt und wieder zugeschüttet wurden.

Eine neue Linie nach Spandau sollte bis zum Evangelischen Johannesstift und nach Kladow führen und damit auch die geplante Hochschulstadt im Bereich Heerstraße/Pichelsberg anschließen.

Die heutige U3 sollte von Krumme Lanke bis Kleinmachnow und die heutige U4 von Innsbrucker Platz bis Lankwitz verlängert werden. Die heutige U1 sollte im Osten von Warschauer Straße hinaus Richtung Marzahn-Hellersdorf führen und im Westen von Uhlandstraße über Halensee, Schmargendorf und Dahlem nach Lichterfelde West.

Die heutige U6 wäre bis Trabrennbahn Mariendorf im Süden und Lübars im Norden verlängert worden. Die heutige U5 sollte vom Alexanderplatz über Unter den Linden und Moabit vermutlich nach Charlottenburg-Nord führen. Außerdem war bereits ein Teil der heutigen U7 bis Blaschkoallee vorgesehen. Eine Ringlinie innerhalb des S-Bahnringes sollte die Radialstrecken miteinander verbinden.

Durch den Zweiten Weltkrieg gab es bereits im August 1940 erste Bombenschäden bei der U-Bahn. 1941 wurden sämtliche Baumaßnahmen bei der U-Bahn eingestellt. Ab Februar 1945 kam der Verkehr durch Zerstörungen mehr und mehr zum Erliegen, bis er wegen Strommangels am 26. April 1945 komplett eingestellt werden musste. Auf Initiative der SS sprengte man

Rotes Rathaus

am 2. Mai 1945 kurz vor 8:00 Uhr morgens die Tunneldecke der S-Bahn unter dem Landwehrkanal. Ungeheure Wassermassen rauschten in die Tunnelsysteme und fluteten auch ein Drittel der U-Bahntunnel. Man hoffte, der Roten Armee auf diese Weise ein Vordringen ins Stadtzentrum durch den Untergrund zu erschweren. Doch diese Aktion war völlig sinnlos, da der Kommandant von Berlin, General Helmuth Weidling, bereits zwei Stunden zuvor kapituliert hatte. In Berlin ebbten die Kampfhandlungen im Laufe des Tages ab, bis der Befehl zur Kapitulation auch die letzten deutschen Soldaten erreicht hatte.

Die U-Bahn in der Nachkriegszeit

Zur Verbesserung der Lebensbedingungen und zwecks Herstellung einer normalen Arbeit der städtischen Wirtschaftsunternehmen erließ der sowjetische Stadtkommandant von Berlin, Generaloberst Nikolai E. Bersarin, am 13. Mai 1945 den Befehl Nummer 6. Darin wurde verfügt, erste U-Bahnabschnitte bis zum 25. Mai 1945 wieder in Gang zu setzen. Gegen Ende des Jahres 1945 war fast das komplette Netz provisorisch wieder in Betrieb. Auf etlichen Strecken herrschte nur eingleisiger Verkehr, auf einigen Bahnhöfen mussten die Züge noch ohne Halt durchfahren, weil die Stationen nicht benutzbar waren. Erst Ende 1951 waren die gröbsten Schäden beseitigt.

Berlin war nun von den vier Siegermächten USA, Großbritannien, Frankreich und der Sowjetunion besetzt, aufgeteilt in vier Sektoren. 1948 kam es zur politischen und verwaltungsmäßigen Spaltung der Stadt zwischen den Westsektoren und dem Sowjetsektor. In beiden Teilen galten zudem verschiedene Währungen. Am 24. Juni 1948 verfügte der sowjetische Stadtkommandant, dass die Zahlung von Fahrgeld bei der BVG ab sofort stadtweit nur noch in Ostmark erfolgen durfte. Mit Westmark erworbene Fahrscheine verloren ihre Gültigkeit. Einen Tag später stellte die amerikanische Militärbehörde klar, dass einseitige Befehle einer Besatzungsmacht nicht für alle Sektoren gelten könnten. Das führte zu einem verwirrenden Durcheinander für Schaffner und Fahrgäste.

Auch innerhalb der BVG machten sich unter Mitarbeitern und in der Chefetage – je nach politischem Standpunkt – Streit, Unnachgiebigkeit und Rechthaberei breit. Das führte zur Trennung der BVG mit Wirkung zum 1. August 1949, indem man in Ost-Berlin eine eigene BVG-Verwaltung einrichtete (ab 1969 BVB). Immerhin wurde vereinbart, dass die BVG-West bei der U-Bahn mit ihrem Personal und ihren Zügen auf den Strecken Schwartzkopffstraße–Stadtmitte (heute U6) und Bernauer Straße–Heinrich-Heine-Straße (heute U8) den Betriebsbereich der BVG-Ost und damit den Ostsektor befahren durfte. Gleiches betraf die Westlinien bis zu den Stationen Potsdamer Platz (U2) und Warschauer Straße (U1/U3). So konnte der sektorenübergreifende Verkehr zwar aufrechterhalten werden. Doch die Stromnetze für Fahrstrom, Beleuchtung und Signaltechnik wurden bis November 1951 getrennt.

Der U-Bahnbau in West-Berlin

1953 beschloss der West-Berliner Senat den massiven Ausbau des U-Bahnnetzes. Am 28. Oktober 1953 war Baubeginn auf der Linie C (heute U6) von der Seestraße zum Kurt-Schumacher-Platz. Es war die erste U-Bahn-Neubaustrecke seit der Weltwirtschaftskrise, als im August 1931 alle begonnenen Arbeiten eingestellt werden mussten. Da schon vorhandene Betriebstunnel genutzt werden konnten, ging die Strecke schon am 3. Mai 1956 in Betrieb. Die Verlängerung zum heutigen Endpunkt Alt-Tegel wurde am 31. Mai 1958 eröffnet.

Am 23. Juni 1955 begann der Bau der neuen Linie G (heute U9) von Wedding zum → Zoologischen Garten. Es war die dritte Nord-Süd-Verbindung, jedoch ohne über Ost-Berlin fahren zu müssen.

Am 1. Juni 1959 wurde der 1913 gebaute U-Bahnhof Nürnberger Platz geschlossen und einen Tag später der in unmittelbarer Nachbarschaft gelegene Bahnhof Spichernstraße eröffnet. Er war ab dem 28. August 1961 Kreuzungspunkt mit

Residenzstraße

der neuen Linie G (heute U9) Leopoldplatz – Spichernstraße. Die Eröffnung dieser Linie 15 Tage nach dem Mauerbau war ein Symbol für den Selbstbehauptungswillen der West-Berliner.

Allerdings wurde das U-Bahnnetz durch den Mauerbau geteilt. Die Züge der Westlinien U6 und U8 konnten zwar weiter unter Ost-Berlin hindurchfahren, jedoch ohne Halt auf den dortigen elf Bahnhöfen. Diese waren geschlossen und wurden bewacht. Es gab auf der Linie der U6 lediglich einen Halt auf dem U-Bahnhof Friedrichstraße. Hier konnten man zur S-Bahn Richtung West-Berlin umsteigen oder zu den Interzonenzügen Richtung Westdeutschland gelangen. Ein Verlassen des Bahnhofes war nur über einen streng bewachten Kontrollpunkt unter Vorlage gültiger Einreisepapiere möglich. DDR-Bürger konnten die Bahnsteige Richtung West-Berlin nicht betreten, weil das gesamte Bahnhofsgebäude auf allen Ebenen durch ein kompliziertes System von Mauern in zwei Teile getrennt worden war.

Zu jener Zeit gab es auf jedem Bahnhof noch Zugabfertiger, die Stationsnamen durch ein Mikrofon ansagten. Auf dem letzten West-Berliner U-Bahnhof vor der Grenze kam dann immer der Zusatz: »Letzter Bahnhof in Berlin (West)«. Zusätzlich gab es einen Hinweis auf den Schildern der Stationsnamen.

Später verlangte die DDR Transitgebühren für die Durchfahrt der Züge. Man halte schließlich die Strecke instand und liefere auch Strom. Für den Zeitraum 1971 bis 1974 mussten knapp drei Millionen DM gezahlt werden. Die Gebühren wurden ständig erhöht. Allein für das Jahr 1989 waren schon knapp sechs Millionen DM fällig. Die Eingänge zu den geschlossenen, unterirdischen Bahnhöfen im Ostsektor waren nach einigen Jahren oben kaum noch zu erkennen, da man die Zugänge zupflasterte und Treppenbrüstungen, U-Bahnschilder u. ä. entfernte.

Die Hochbahnstrecken zwischen → Schlesisches Tor und Warschauer Straße sowie Gleisdreieck und Potsdamer Platz wurden gesperrt und stillgelegt. Damit verkehrten in Ost-Berlin nur noch die Linie A von → Anton-Wilhelm-Amo-Straße (Mohrenstraße) über Alexanderplatz nach Pankow (Vinetastraße) und die Linie E von Alexanderplatz nach Friedrichsfelde. Der größere Teil des U-Bahnnetzes lag in West-Berlin. Nach heutiger Nummerierung waren das alle Linien bis auf die U5 und den nördlichen Teil der U2.

In beiden Stadthälften kam es nun zu einer unterschiedlichen Entwicklung im öffentlichen Personennahverkehr. In Ost-Berlin wurde die U-Bahn anfangs kaum ausgebaut. 1973 kam lediglich am Ende der U5 die Station Tierpark hinzu. Der Rest der Linie wurde oberirdisch nach Hönow geführt, die jedoch erst 1988 und 1989 in zwei Schritten in Betrieb ging. Man setzte eher auf den Ausbau der S-Bahn und der Straßenbahn, vor allem in den Neubaugebieten in Marzahn-Hellersdorf.

In West-Berlin ging man den umgekehrten Weg. Die S-Bahn wurde gemieden, weil der Betreiber Deutsche Reichsbahn seinen Sitz in Ost-Berlin hatte und man kein Geld für »Ulbrichts Stacheldraht« zahlen wollte. Es gab zu jener Zeit auch keine Tarifgemeinschaft mit der BVG-West. Stattdessen wurde mit finanzieller Unterstützung der Bundesrepublik der U-Bahn-Bau vorangetrieben und alle Straßenbahnlinien bis 1967 nach und nach auf Buslinien umgestellt. So konnte mehr Platz für die Pkw geschaffen werden. Man glaubte, das Ideal einer autogerechten Stadt sei modern und zukunftsweisend.

Neben der Verlängerung der U6 und der neuen U9 hatte schon am 2. November 1959 der Bau der Strecke Grenzallee – Britz-Süd begonnen (heute U7), die am 28. September 1963 eröffnet wurde. Am 2. Januar 1970 wurde die Linie bis Zwickauer Damm verlängert, um damit die Gropiusstadt anzuschließen. Am 1. Juli 1972 kam der Abschnitt bis zum heutigen Endbahnhof Rudow hinzu.

1961 hatte man die U-Bahnhöfe Augsburger Straße (8. Mai, U3) und Kurfürstendamm (2. September, U1/U9) eingefügt.

Durch den viergleisigen Umbau des Bahnhofes Mehringdamm 1964–66 treffen sich die Linien der U6 und U7 (mit Verlängerung nach Möckernbrücke) hier auf parallelen Gleisen. Am 28. Februar 1966 ging die Strecke Tempelhof–Alt-Mariendorf in Betrieb.

1966 stellte die BVG-West auch die komplizierten Linienbezeichnungen mit einer Kombination aus Buchstaben und römischen Ziffern für Zweiglinien auf Nummern um:

Linie 1: Schlesisches Tor–Ruhleben
Linie 2: Gleisdreieck–Krumme Lanke
Linie 3: Wittenbergplatz–Uhlandstraße
Linie 4: Nollendorfplatz–Innsbrucker Platz
Linie 5: Deutsche Oper–Richard-Wagner-Platz
Linie 6: Tegel–Alt Mariendorf
Linie 7: Britz-Süd–Möckernbrücke
Linie 8: Leinestraße–Gesundbrunnen
Linie 9: Spichernstraße–Leopoldplatz

In den 1970er-Jahren gab es neben Betriebseinstellungen auch Neubaustrecken. Die kurze U5 wurde am 2. Mai 1970 eingestellt. Auch auf der Hochbahnstrecke der U2 wurde der Abschnitt Gleisdreieck–Wittenbergplatz am 31. Dezember 1971 stillgelegt. Durch den Mauerbau waren die Fahrgastzahlen stark zurückgegangen, und man kam auch mit der parallel verlaufenden U1 bequem nach Kreuzberg. Auf den ungenutzten Hochbahnhöfen → Nollendorfplatz und → Bülowstraße wurden 1973 Flohmärke und Kneipen eingerichtet. Ab dem 16. August 1978 verband sogar ein Museumstriebwagen der Straßenbahn auf der Hochbahntrasse die beiden umgenutzten Hochbahnhöfe als Touristenattraktion. Im April 1991 wurden beide Einrichtungen wieder geschlossen, weil die Hochbahnstrecke reaktiviert werden sollte.

Die U9 wurde am 29. Januar 1971 von Spichernstraße zum Walther-Schreiber-Platz und am 30. September 1974 bis Rathaus Steglitz verlängert. Am Nordende der U9 kam der Abschnitt Leopoldplatz–Osloer Straße am 30. April 1976 hinzu. Der Bahnhof Osloer Straße wurde ab 5. Oktober 1977 vorläufiger Endpunkt der U8, die von Gesundbrunnen hierher verlängert worden war. Am 27. April 1987 kam der Abschnitt bis → Paracelsus-Bad und am 28. September 1994 bis Wittenau hinzu.

Das große Projekt war aber die Linie 7, die sich von Rudow bis → Rathaus Spandau mit 40 Bahnhöfen knapp 32 Kilometer durch West-Berlin schlängeln sollte. Die Linie aus Neukölln und Kreuzberg kommend wurde am 29. Januar 1971 von Yorckstraße bis → Fehrbelliner Platz verlängert. Die weiteren Etappen waren am 28. April 1978 bis → Richard-Wagner-Platz, am 1. Oktober 1980 bis → Rohrdamm und am 1. Oktober 1984 bis → Rathaus Spandau.

Genauso prägend wie Grenander für die Berliner U-Bahnhöfe der ersten drei Jahrzehnte war, war es Rümmler für die drei Jahrzehnte von 1964 bis 1994. Rainer Gerhard Rümmler (*2. Juli 1929, †16. Mai 2004) war ab 1964 Leiter der Entwurfsabteilung des Senators für Bau- und Wohnungswesen. In dieser Funktion konzipierte er 58 Berliner U-Bahnhöfe. Dazu gehören auch alle 24 Stationen der Linie 7 zwischen den Bahnhöfen Yorckstraße und Rathaus Spandau. In dieser Reihe stehen auch das auffällige Zugangsgebäude am Fehrbelliner Platz und der untere Bahnsteig. Auch auf der Linie 8 gestaltete Rümmler alle neun Bahnhöfe von Pankstraße bis Wittenau. Er schuf mit jeder Station ein Unikat, wobei die Form der Ausgestaltung wo immer möglich einen Bezug zur Umgebung und dem Namen der Station hatte. Einige von ihnen stehen unter Denkmalschutz.

Anfangs plante Rümmler mit klaren Linien und scharfen Kanten. Später bestimmte Pop-Architektur seine U-Bahnhöfe.

Ab dem Ende der 1970er-Jahre wechselte Rümmler zur Postmoderne, mit der er im Untergrund Geschichte(n) erzählt. Auf den Wand- und Bodenfliesen entstanden Mosaike, die abstrakte Muster und figürliche Darstellungen ergeben. Pfeiler werden zu Säulen mit Basis und Kapitell. Klinker, wie er aus den regionalen Industriebauten bekannt ist, kommt mit seinen Farben Gelb bis Rot hinzu. Seine Kritiker bemängeln, dass die Ausschmückungen der Bahnhöfe zu prunkvoll und zu bunt für einen Funktionsbau seien.

Von Rümmler stammt auch die 1973 fertiggestelle Raststätte Dreilinden.

Die M-Bahn

Ab 1984 erprobte die AEG auf einem ungenutzten Teil der U2 eine Magnetbahn, kurz M-Bahn genannt. Sie fuhr vom Gleisdreieck oberirdisch Richtung Potsdamer Platz, schwenkte aber dann über den Haltepunkt Bernburger Straße zum Kemperplatz. So hätte das Kulturform einen Bahnanschluss bekommen. Nach einem Testbetrieb wurden auch Fahrgäste auf der 1,6 Kilometer langen Strecke zu Demonstrationszwecken kostenlos befördert. Am 19. Dezember 1988 war ein Testzug ohne Fahrgäste zu schnell in den Endbahnhof Kemperplatz eingefahren, konnte nicht mehr rechtzeitig bremsen und durchbrach die verglaste Außenwand des Bahnhofes.

Der U-Bahnbau nach der Wiedervereinigung

Nicht der M-Bahn-Unfall, sondern der Fall der Mauer führte dazu, dass der M-Bahn-Betrieb am 31. Juli 1991 eingestellt werden musste. Die aufgeständerte Trasse stand geplanten Neubauten wie dem Kollhoff-Tower und dem Sony Center im Weg. Außerdem sollte die U-Bahn zwischen Mohrenstraße (heute: Anton-Wilhelm-Amo-Straße) (Ost) und Gleisdreieck (West) wieder miteinander verbunden werden, deren Trasse die M-Bahn teilweise nutzte. Die Demontage begann am 17. September 1991 und war im Februar 1992 abgeschlossen. Am 13. November 1993, nach 32 Jahren und drei Monaten, wurde die Lücke der U-Bahnlinie Ruhleben–Pankow (Vinetastraße) wieder geschlossen. Am 2. Oktober 1998 fügte man zwischen Gleisdreieck und Potsdamer Platz den ganz neuen U-Bahnhof Mendelssohn-Bartholdy-Park ein.

Ab dem 16. Oktober 1995 fuhr auch die U-Bahn vom Schlesischen Tor über die Oberbaumbrücke wieder zur alten Endhaltestelle Warschauer Straße.

Die geschlossenen Transitbahnhöfe der U6 und der U8 unter Ost-Berlin wurden schneller wieder in Betrieb genommen, blieben aber bis zur Währungsunion vom DDR-Zoll streng überwachte Grenzkontrollpunkte. Wegen des Zustroms von Hunderttausenden DDR-Bürgern nach West-Berlin nach dem Mauerfall wurde der U-Bahnhof Jannowitzbrücke schon am Vormittag des 11. Novembers 1989 geöffnet, um den Massenverkehr zu bewältigen. Bis zur Währungsunion am 1. Juli 1990 nahmen die BVG/BVB alle geschlossenen Bahnhöfe wieder in Betrieb. Am 1. Januar 1992 wurden BVG-West und BVB-Ost wieder zu einem Betrieb vereinigt.

Schließlich gab es noch zwei Verlängerungen um jeweils eine Station: Am 16. Juli 1996 von Leinestraße nach Hermannstraße (U8). Der Tunnelrohbau war seit 1931 fertig. Damit gab es eine direkte Umsteigemöglichkeit zur Ringbahn. Am 16. September 2000 wurde die U2 von Vinetastraße nach Pankow verlängert.

Das letzte große Projekt war die Verlängerung der U5 vom Alexanderplatz zum Hauptbahnhof. Bereits am 8. August 2009 ging der Streckenabschnitt vom Hauptbahnhof zum → Brandenburger Tor in Betrieb. Das Zwischenstück von Brandenburger Tor bis Alexanderplatz wurde am 4. Dezember 2020 eröffnet. Lediglich der U-Bahnhof → Museumsinsel konnte erst ab dem 9. Juli 2021 von Fahrgästen genutzt werden.

Vorschläge für den weiteren Ausbau des U-Bahnnetzes gibt es reichlich, baufertige Planungen mit festen Terminen und Finanzierungen allerdings nicht.

Das U-Bahnnetz umfasste bei Redaktionsschluss 175 Bahnhöfe. Die Streckenlänge von 146,6 Kilometern setzte sich aus folgenden Linien zusammen:

U1: Uhlandstraße – Warschauer Straße
U2: Ruhleben – Pankow
U3: Krumme Lanke – Warschauer Straße
U4: Nollendorfplatz – Innsbrucker Platz
U5: Hauptbahnhof – Hönow
U6: Alt-Mariendorf – Alt-Tegel
U7: Rathaus Spandau – Rudow
U8: Wittenau – Hermannstraße
U9: Rathaus Steglitz – Osloer Straße

← U6 Alt-Tegel
Alt-Mariendorf U6 →

Afrikanische Straße

Der Straßenzug Lichtenrader, Mariendorfer, Tempelhofer Damm und Mehringdamm sowie Friedrichstraße führt von der südlichen Stadtgrenze fast genau in Nord-Süd-Richtung zur Innenstadt. Von Alt-Mariendorf aus verläuft darunter die U6. Ab Oranienburger Tor knickt der Straßenzug nach Nordwesten ab und führt fast schnurgerade über Chaussee- und Müllerstraße zum Kurt-Schumacher-Platz.

Unter diesem Straßenzug ging die U-Bahnstrecke Hallesches Tor–Seestraße bereits 1923 in Betrieb und bekam später die Linienbezeichnung U6. Die Verlängerung nach Norden ließ allerdings 33 Jahre auf sich warten. Erst am 3. Mai 1956 konnte der Verkehr auf dem Abschnitt Seestraße–Kurt-Schumacher-Platz aufgenommen werden. Es war die erste U-Bahn-Neubaustrecke nach dem Zweiten Weltkrieg in ganz Berlin, umfasste aber zunächst nur drei Bahnhöfe: Rehberge, Afrikanische Straße und Kurt-Schumacher-Platz. Die Verlängerung zum heutigen Endpunkt Tegel erfolgte 1958.

Der Bahnhof Afrikanische Straße war zunächst gar nicht vorgesehen und wurde erst nachträglich in die Planungen aufgenommen. Verantwortlicher Architekt war Bruno Grimmek, der 18 U-Bahnhöfe auf den Linien 6 und 9 gestaltete. Die schlichte und nüchterne Gestaltung entsprach dem Zeitgeist der 1950er-Jahre, nach dem Schnörkel und Zierrat jeglicher Art unnötig und überflüssig waren. Es war eine bewusste Abkehr von der wilhelminischen Prunkarchitektur des Kaiserreiches und vom Monumentalstil der NS-Zeit. Außerdem wollte man das Geld eher in die Streckenverlängerungen stecken anstatt in die vermeintlich nutzlose Verschönerung der Bahnhöfe. Einziger Schmuck sind die bunten Glasmosaiksteinchen, mit denen die Pfeiler in der Mitte des Bahnsteiges verkleidet sind. Die Decke neigt sich leicht zu diesen Stützen hin. Die Tunnelwände wurden hellblau gefliest. Zunächst bekam der Bahnhof den Namenszusatz der anliegenden Friedrich-Ebert-Siedlung, die 1929–31 errichtet wurde. Er wird heute nicht mehr verwendet.

2016 erhielt der Bahnhof im Rahmen einer Grundsanierung neue und größere Wandfliesen, wieder in Hellblau. Die früheren Werbeflächen an den Tunnelwänden zeigen nun Afrika-Motive wie zum Beispiel Tiere der Savanne. Diese Darstellungen findet man auch in den Abgängen der Zwischengeschosse. Bemerkenswert ist, dass der Bahnhofsname an den Tunnelwänden mit »Afrikanische Str.« abgekürzt, das Wort »Straße« also nicht ausgeschrieben wird.

Das gibt es auf dieser Linie nur noch beim Bahnhof »Reinickendorfer Str.«. Die frühere Schreibweise »Kaiserin-Augusta-Str.« hat man im Zuge der Sanierung vervollständigt.

Straßenbahn-Betriebshof Wedding-Müllerstraße, 1953

Wer den U-Bahnhof am südlichen Ende verlässt, steht in der Müllerstraße 79 vor einer weiteren großen BVG-Einrichtung: Hier eröffnete am 5. September 1927 der zweitgrößte Straßenbahnhof Berlins, der seit 1960 für Omnibusse genutzt wird. Den Betriebshof umgibt die sogenannte Straßenbahnstadt, ein Gebäudekomplex mit etwa 300 Betriebswohnungen. Er wurde im Stil des Berliner Expressionismus entworfen und steht heute unter Denkmalschutz.

Aber wieso gibt es eine Afrikanische Straße? Sie läuft diagonal durch die Friedrich-Ebert-Siedlung, die etliche Straßen mit den Namen afrikanischer Länder, Provinzen und Städten schneidet oder tangiert. Als Beispiele seien die Ghanastraße, die Usambarastraße, die Kameruner Straße, die Sansibarstraße oder die Swakopmunder Straße genannt. Diese Namensgebungen, die zum Begriff »Afrikanisches Viertel« geführt haben, sind kein Zufall. Der Hamburger Zoodirektor Carl Hagenbeck war neben seiner Arbeit mit Tieren größter Organisator von Völkerschauen in Europa. So plante er auch Ende des 19. Jahrhunderts, im heutigen Volkspark Rehberge Tiere und Menschen aus den damaligen deutschen Kolonien in Afrika auszustellen. Der Erste Weltkrieg verhinderte diese Pläne, doch die Straßennamen waren bereits vergeben. Kritiker sehen diese Bezeichnungen als imperialistische Relikte aus der Zeit des Kolonialismus und diskriminierend an.

Name: Afrikanische Straße
Eröffnung: 3. Mai 1956
Namensänderungen: keine
Architekt: Bruno Grimmek
Heutige Linie: U6

AFRIKANISCHE STR.
AFRIKANISCHE STR.

MALL OF BER
U Anton-Wilhelm-Amo-Straße
GENERAL DER CAVALLERIE
VON ZIETEN

Anton-Wilhelm-Amo-Straße

Am 1. Oktober 1908 wurde die Untergrundbahn vom Potsdamer Platz zum → Spittelmarkt eröffnet. Die erste Station nach dem Potsdamer Platz lag unter dem Wilhelmplatz und hieß nach dem nahen Luxushotel Kaiserhof. Es wurde am 1. Oktober 1875 eröffnet, brannte aber schon wenige Tage später ab. Die Wiedereröffnung fand 1876 statt. Das Haus verfügte über 260 Zimmer mit eigenem Bad, elektrischem Licht und später sogar Telefonen. 1878 fand hier der Berliner Kongress statt, und 1926 wurde hier die Lufthansa gegründet. 1932 wohnte Hitler permanent in diesem Hotel und 1935 feierte Göring hier seine Hochzeit mit seiner zweiten Ehefrau. Im November 1943 wurde der Kaiserhof durch Bomben schwer beschädigt, die Ruine später abgerissen. Seit 1974 steht hier die Botschaft Nordkoreas.

Die Bahnsteighalle verkleidete man mit weißen Fliesen. Die für diese Station vorgesehene Kennfarbe Schwarz fand sich in Reklamefeld- und Stationsschildumrandungen wieder. Auch die Mittelstützen und Bahnhofsmöbel waren in Schwarz gehalten. Die prächtige Pergola auf dem Wilhelmplatz wurde 1936 beseitigt, weil der »Führer« hier einen Aufmarschplatz haben wollte.

Im Zweiten Weltkrieg wurde der U-Bahnhof komplett zerstört. An eine kurzfristige Wiedereröffnung war gar nicht zu denken. Der um 1949 begonnene Wiederaufbau kam weitgehend einem Neubau gleich. Als der Wilhelmplatz am 30. November 1949 feierlich in Thälmannplatz umbenannt wurde, lag es nahe, nun auch dem U-Bahnhof diesen Namen zu verleihen, zumal das Hotel Kaiserhof nicht mehr bestand. Die Station wurde am 18. August 1950, dem sechsten Todestag Thälmanns, unter diesem Namen wiedereröffnet. Die Wände, Pfeiler und Bänke verkleidete man mit rotem Marmor. Jahrzehntelang hielt sich das Gerücht, dass das Material aus der zerstörten Reichskanzlei stammte. Die Zeitschrift Der Spiegel hatte das am 9. August 1950 verbreitet: »Der Regierungsviertel-Bahnhof Thälmannplatz … wird mit … Marmor verkleidet. Das kostbare Material stammt aus den Beständen der Neuen Reichskanzlei in der Voßstraße.« Richtig ist, dass beim Bau von Hitlers Reichskanzlei 1936 in der Nähe reichlich Marmor verwendet wurde. Er stammte, wenigstens zum Teil, aus dem thüringischen Saalburg. Das Material für den U-Bahnhof wurde ebenfalls im VEB Marmorwerk Saalburg bestellt und binnen 108 Tagen geliefert. Dass im Bahnhof Überbleibsel des NS-

Westlicher Eingang zum U-Bahnhof Kaiserhof, 1910

Anton-Wilhelm-Amo-Straße
Mohrenstraße

Gebäudes stecken, ist also nur ein gruseliger Mythos. Wobei der »Saalburger Marmor« im geologischen Sinne gar kein Marmor ist, sondern eine rötlich-weiße Kalksteinvariante.

Die Beschilderungen in der Bahnhofsmitte sind in die Pfeiler eingelassen und werden von hinten beleuchtet. An den Tunnelwänden steht der Namensschriftzug in Messinglettern. Der Boden wurde mit roten Terrazzo-ähnlichen Platten versehen, die durch schmale schwarze Streifen eingefasst sind, sodass Quadrate entstehen.

Mit den Absperrmaßnahmen durch den Mauerbau vom 13. August 1961 wurde der Zugverkehr in die Westsektoren unterbrochen. Da der nachfolgende Bahnhof Potsdamer Platz schon im Grenzgebiet lag, war Thälmannplatz der letzte Bahnhof in Ost-Berlin und damit 32 Jahre lang Endbahnhof der damaligen Linie A. Im Befehl Nr. 003/61 des Ministers des Innern der DDR vom 12. August 1961 heißt es unter anderem: »Sicherung des ›U-Bahnhofes Thälmannplatz‹ zur Gewährleistung, daß jeglicher Verkehr aus Richtung Pankow hier endet.«

Der Thälmannplatz wurde 1986 entwidmet. Außerdem sollten Verwechselungen mit dem im gleichen Jahr eingeweihten Wohngebiet Ernst-Thälmann-Park in Prenzlauer Berg mit dem Thälmann-Denkmal vermieden werden. Der U-Bahnhof bekam am 15. April 1986 den Namen Otto-Grotewohl-Straße (heute Wilhelmstraße). Am 2. Oktober 1991 änderte sich der Name in Mohrenstraße. Da die Mohrenstraße am 22. August 2025 in Anton-Wilhelm-Amo-Straße umbenannt wurde, bekam auch der U-Bahnhof den Namen des Philosophen. Amo war der erste Schwarze in Deutschland, der im 18. Jahrhundert eine akademische Laufbahn einschlug.

Name: Anton-Wilhelm-Amo-Straße
Eröffnung: 1. Oktober 1908
Namensänderungen: bis 1950 Kaiserhof, bis 1986 Thälmannplatz, bis 1991 Otto-Grotewohl-Straße, bis 2025 Mohrenstraße
Architekt: Alfred Grenander
Heutige Linie: U2

U
Brandenburger Tor
Video
HAZELNUT MEETS MOCHA

Brandenburger Tor

Einen unterirdischen Bahnhof am Brandenburger Tor gibt es schon seit 1936, denn am 27. Juli dieses Jahres wurde die Tunnelstrecke der S-Bahn vom Bahnhof Humboldthain kommend eröffnet. Die durchgehende Nord-Süd-S-Bahn ging erst 1939 in Betrieb. Der S-Bahnhof unter dem Pariser Platz hieß Unter den Linden. Eine U-Bahn fuhr hier erst 73 Jahre später.

Im Rahmen des Hauptstadtvertrages zwischen Berlin und dem Bund von 1994 gab es eine Finanzierungsvereinbarung für die Strecke Alexanderplatz–Hauptbahnhof. Der U-Bahnbau im Bereich Regierungsviertel/Hauptbahnhof begann 1995 zeitgleich mit der Errichtung der Regierungs- und Parlamentsbauten sowie des neuen Fernbahnhofes. Damit klebte der schöne Spitzname »Kanzler-U-Bahn« an der jüngsten U-Bahnlinie wie Pattex.

Erst 2003 beschloss der Berliner Senat, auch den zurückgestellten U-Bahnhof Brandenburger Tor zu bauen, weil eine Rückzahlung von Fördergeldern drohte. Er sollte parallel zum S-Bahnhof an dessen Nordseite entstehen.

Der hohe Grundwasserstand bereitete Probleme und führte zu weiteren Verzögerungen. Am Ost- und Westende des Bahnhofes begann eine offene Bauweise bis in 23 Meter Tiefe. Der 115 Meter lange Bahnhofsbereich dazwischen wurde bergmännisch im Schutze einer Baugrundvereisung angelegt. Dazu schob man Gefrierrohre durch 30 vorgebohrte Mikrotunnel.

Die Vereisung begann im Februar 2007 und war drei Monate später erreicht. Bis zur Aushärtung der Spritzbetonschale musste der Frostkörper nun dem Erd- und Wasserdruck standhalten. Im Sommer 2008 war der gesamte bergmännische Vortrieb inklusive Einbau des Tunnelbauwerkes fertig. Der Auftauprozess war erst Ende 2009 abgeschlossen.

Der neue U-Bahnhof bekam den Namen Brandenburger Tor. In diesem Zusammenhang erhielt auch der danebenliegende S-Bahnhof Unter den Linden diesen Namen. Die Neubenennung war notwendig geworden, weil der weiter östlich geplante Kreuzungsbahnhof (U5/U6) → Unter den Linden heißen sollte. Das Teilstück Brandenburger Tor–Alexanderplatz würde noch ein Jahrzehnt auf sich warten lassen. So lange sollte das fertige Teilstück nicht ungenutzt bleiben. Daher ging der 1,8 Kilometer lange Stummelabschnitt mit der vorübergehenden Bezeichnung U55 vom Pariser Platz über den U-Bahnhof Bundestag zum Hauptbahnhof in Betrieb. Die Fahrt im Pendelbetrieb dauerte zweieinhalb Minuten. Da es aber zum übrigen U-Bahnnetz zehn Jahre lang keine Verbindung gab, mussten die U-Bahnwagen von oben mit Kränen durch eine freigelassene Baulücke auf die Gleise hinuntergelassen werden.

Die beiden unterirdischen Bahnhöfe am Brandenburger Tor sind am Westende über eine gemeinsame Verteilerebene verbunden. Die Wände der Zugänge zum U-Bahnhof sind mit Muschelkalk verkleidet, Brüstungen und Geländer mit Glasfüllungen und Edelstahltraversen gestaltet. Der helle Terrazzoboden auf dem Bahnsteig steht in farblichem Kontrast zu den anthrazitfarben doppelreihigen runden Stützen. Denselben Farbton haben die mit Metall verkleideten Tunnelwände, fachlich korrekt auch Hintergleiswände genannt. Dort steht in glänzenden Messingbuchstaben der Name des Bahnhofes.

Da das Brandenburger Tor ein Symbol der deutschen Teilung und Wiedervereinigung wurde, hängen an den Tunnel-

wänden Tafeln einer Dauerausstellung zur Geschichte des Brandenburger Tores. Es sind gleichzeitig auch immer Etappen deutscher Geschichte. Im Treppenzugang sind bekannte Zitate Prominenter zur Mauer zu lesen (zum Beispiel: »Mister Gorbatchev, tear down this wall«/Ronald Reagan). Auf diese Weise ist gewissermaßen eine Gedenkstätte mit Gleisanschluss entstanden.

Seit dem 4. Dezember 2020 ist der U-Bahnhof keine Endstation mehr. An diesem Tag wurde das fehlende 2,2 Kilometer lange Teilstück der erweiterten U-Bahnlinie 5 in Betrieb genommen. Damit war die bisherige Lücke zwischen dem Brandenburger Tor und dem Alexanderplatz geschlossen.

Name: Brandenburger Tor
Eröffnung: 8. August 2009
Namensänderungen: keine
Architekten: Ingrid Hentschel und Axel Oestreich (mit artus Architekten)
Heutige Linie: U5

Brandenburger Tor
Fall der Mauer 1989
Symbol der Einheit

U
U2
Nichtraucher

Bülowstraße

Die 1862 angelegte Bülowstraße ist Teil des sogenannten Generalszuges. Dabei handelt es sich um eine großzügig angelegte Straßen- und Platzfolge in Charlottenburg, Schöneberg und Kreuzberg. Die Straßen sind nach den preußischen Militärs Tauentzien von Wittenberg, Kleist von Nollendorf, Bülow von Dennewitz, Yorck von Wartenburg und von Gneisenau benannt. Die am 11. März 1902 eröffnete Linie Potsdamer-Platz–Zoologischer Garten fuhr auf der breiten Magistrale zwischen Wittenbergplatz und Potsdamer Platz als aufgeständerte Hochbahn, was den Bau der Hochbahnhöfe → Nollendorfplatz, Bülowstraße und Gleisdreieck erforderte.

Nun schlängelte sich ein bisher dem deutschen Stadtbild fremdartiges Monstrum durch die Straße. Der Journalist Alfred Kerr schrieb damals: »Die Bülowstraße hat sich verändert (...). Welch verblüffende Anblick. Das Eisengestell einer Überbahn, rot lackiert und grau gestrichen, steigt in plumper Scheußlichkeit empor zwischen den Häusern, zwischen den Bäumchen. Barbarischer, ekliger, gottverlassener, blöder, bedauernswerter, mickriger, schändlicher, gerupfter, auf den Schwanz getretener sieht nichts in der Welt aus.« (zit. nach: Bosetzky, Attentat) In der Tat gab es anfangs viel Kritik, zumal nun alle Fahrgäste in die Fenster der oberen Stockwerke der umliegenden Häuser spähen würden.

Der auf der Mittelpromenade der Bülowstraße im Kreuzungsbereich der Potsdamer Straße gelegene Hochbahnhof hat zwei Seitenbahnsteige. Damit er nicht aussieht wie eine schäbige Fabrikhalle, verzierte man ihn mit Sandsteinpylonen im Jugendstil, Ziergiebeln, Schmuckportalen und einer triumphbogenähnlichen Vorhalle. Auch Baumeister Grenander schuf einige prächtige Pfeiler für die Strecke in der Bülowstraße. 1928/29 wurde die Hallenkonstruktion durch den Sohn von Bruno Möhring, Rudolf Möhring, erheblich verlängert. Damit war der Bahnsteig auf fast gesamter Länge überdacht.

Am 14. Juli 1944 verbog der Luftdruck eines Bombentreffers das gesamte Bauwerk. Später entstanden noch weitere Schäden. Erst am 15. September 1946 konnte der Bahnhof – vereinfacht wiederaufgebaut – wiedereröffnet werden.

Nach dem Mauerbau 1961 endete die Linie Richtung Alexanderplatz bereits am Gleisdreieck, weil der Weg in den Ostsektor versperrt war. Da die Strecke vom → Nollendorfplatz über Kurfürstenstraße, Gleisdreieck und Möckernbrücke Richtung → Schlesisches Tor parallel knapp 200 Meter nördlich verlief (damals Linie 1), sank das Fahrgastaufkommen ständig. Daher

Der Berliner Hochbahnhof Bülowstraße um 1903

entschloss sich die BVG, die kaum noch genutzte Hochbahnstrecke vom Nollendorfplatz über Bülowstraße und Gleisdreieck bis zum ohnehin gesperrten U-Bahnhof Potsdamer Platz hinter der Grenze zum 1. Januar 1972 zu schließen. Seither verkehrte die damalige Linie 2 nur noch zwischen Wittenbergplatz und Krumme Lanke.

Auf dem U-Bahnhof Bülowstraße wurde am 1. November 1975 der »Berliner Jahrmarkt« eröffnet, bereits nach vier Monaten aber wieder geschlossen. Am 28. Mai 1978 nahm »U-Tropia« dort seinen Betrieb auf, eine Mischung aus Markthalle, Gastronomie und Trödelmarkt. Daraus wurde 1980 der »Türkische Basar«. Ausrangierte U-Bahnwagen auf den Gleisen dienten als Verkaufsräume und WC-Anlagen. Um die Attraktivität dieses Marktes und einer ähnlichen Einrichtung auf dem benachbarten stillgelegten Hochbahnhof → Nollendorfplatz zu steigern, ließ die BVG ab dem 16. August 1978 zwischen beiden Stationen einen historischen Triebwagen der Straßenbahn auf dem ungenutzten Hochbahngleis als Touristengaudi pendeln. Auch die West-Berliner konnten nun wieder einmal Straßenbahn fahren, denn das Verkehrsmittel war seit Oktober 1967 aus dem Westteil der Stadt verschwunden. 1991 wurde die Straßenbahn wieder abgebaut und der Türkische Basar geschlossen. Der Fall der Mauer ermöglichte am 13. November 1993 die Wiedereröffnung des U-Bahnbetriebs zwischen → Wittenbergplatz und → Anton-Wilhelm-Amo-Straße (damals Mohrenstraße) und damit auch des Bahnhofes Bülowstraße.

Name: Bülowstraße
Eröffnung: 11. März 1902
Namensänderungen: keine
Architekt: Bruno Möhring
Heutige Linie: U2

Linie Ziel Abfahrt
U2 Klosterstraße
U2 Klosterstraße 8'
Gleis 2
U2 Klosterstraße
1063-4
A1
Linie Ziel
Gleis 1

U
U

Dahlem-Dorf

Vom Wittenbergplatz kommend, hatte die Stadt Wilmersdorf eine eigene U-Bahnlinie gebaut, um für das neue Rheingauviertel eine schnelle Verbindung nach Berlin zu schaffen. Die staatliche Domäne Dahlem führte die Linie bis zum vorläufigen Endbahnhof Freie Universität (bis 2016 Thielplatz) weiter. Der Bau der U-Bahn begann 1911, die Eröffnung für den regulären Verkehr fand am 12. Oktober 1913 statt. Drei Tage zuvor gab es eine offizielle Einweihung für geladene Gäste.

Auf Dahlemer Gebiet lag zunächst der Bahnhof Breitenbachplatz, der nach einem Entwurf von Wilhelm Leitgebel gebaut wurde. Es ist der einzige unterirdische U-Bahnhof in Zehlendorf. Nach Unterfahrung der Schorlemer Allee wurde die heutige Linie 3 als offene Einschnittbahn weitergeführt. Schon der nächste Bahnhof Podbielskiallee liegt unter freiem Himmel. Das Zugangsgebäude von Heinrich Schweitzer erinnert an ein märkisches Stadttor.

Das Empfangsgebäude der Station Dahlem-Dorf entwarfen die Brüder Friedrich und Wilhelm Hennings. Es besteht aus Fachwerk und ist dem niederdeutschen Hallenhaus nachempfunden. Es heißt, dies sei auf Wunsch des Kaisers geschehen. Durch mit Schmiedeeisen beschlagene Holztüren erreichen die Fahrgäste die Schalterhalle. Dort erwartet sie eine bemalte Kassettendecke im Stil eines Rittersaals. Kein Wunder, dass die Japaner 1987 diesen U-Bahnhof zum schönsten in Europa kürten. Das Reetdach brannte am 27. Dezember 1980 vermutlich durch Brandstiftung ab, wurde aber 1981 wiederhergestellt. Als es am 28. April 2012 nachts erneut brannte, verwendete man bei der Wiederherstellung des Daches aus Sicherheitsgründen statt Reetgras eine Nachbildung aus Kunststoff.

Seit 1984 stehen auf dem Bahnsteig extravagante Sitzmöbel mit männlichen und weiblichen Geschlechtsmerkmalen. Die Holzbänke wurden von dem Künstler Wolf van Roy alias Wolfgang Kleinsteuber entworfenen. Sie ähneln einigen afrikanischen Statuen, die bis zu ihrem Umzug ins Humboldt Forum in den benachbarten Dahlemer Museen standen.

Die Verlängerung der U-Bahnlinie über Oskar-Helene-Heim und Onkel-Toms-Hütte bis Krumme Lanke ging erst am 22. Dezember 1929 in Betrieb.

Wegen der Nachbarschaft zur Domäne Dahlem witzelt man, dies sei Deutschlands einziger Bauernhof mit U-Bahnanschluss. Aber nur dafür hätte man die U-Bahn sicher nicht gebaut.

U-Bahnhof Dahlem-Dorf um 1980

Die Domäne Dahlem war ein königlicher landwirtschaftlicher Großbetrieb, dessen Flächen ab 1901 parzelliert wurden. Der Fiskus plante eine Villenkolonie, reservierte aber auch Flächen für wissenschaftliche und kulturelle Institutionen des Staates. Bis 1915 waren insgesamt 384 private Wohngebäude errichtet worden. Für deren Bewohner samt Dienstpersonal war die U-Bahn nun eine schnelle Verbindung in die Stadt, ebenso wie für die Mitarbeiter in den staatlichen Institutionen, die nach Dahlem kamen.

Weltrang erlangte die 1911 gegründete »Kaiser-Wilhelm-Gesellschaft zur Förderung der Wissenschaften«. Hier sollten deutsche Spitzenforscher ohne Lehrverpflichtungen und ohne starre Einteilung in Fachrichtungen arbeiten können. Zu ihnen gehörten unter anderem die Nobelpreisträger Fritz Haber, Max von Laue, Max Planck, Albert Einstein und Otto Hahn. Den Neuentwicklungen, besonders in der Chemie, Biochemie, Biologie und Physik sollten vornehmlich naturwissenschaftliche Forschungsinstitute Rechnung tragen. Die zahlreichen wissenschaftlichen Mitarbeiter und Hilfskräfte kamen sicher mit der U-Bahn zur Arbeit, lagen doch die meisten Institute fußläufig zum damaligen Endbahnhof Thielplatz.

Die 1948 mit Standort in Dahlem gegründete Freie Universität wurde ständig größer und gewann an Bedeutung. Im Wintersemester 1991/92 gab es mit 62.072 Studierenden einen Höchststand. Durch einen verschärften Numerus clausus und die Auslagerung der Humanmedizin hatte sich die Zahl im Wintersemester 2021/22 etwa halbiert.

Aber wie kommen so viele Studierende nach Dahlem zur FU? Mit der U-Bahn natürlich …

Name: Dahlem-Dorf
Eröffnung: 12. Oktober 1913
Namensänderungen: keine
Architekten: Friedrich und Wilhelm Henning
Heutige Linie: U3

Ausgang
Königin-Luise-Straße
Freie Universität Berlin
Museen
U3
Dahlem-Dorf
2

berswalder Straße

Eberswalder Straße

Die Schönhauser Allee existierte schon im Mittelalter als Verbindungsweg zwischen Berlin und den ehemaligen Dörfern Pankow und Niederschönhausen. In der zweiten Hälfte des 19. Jahrhunderts entstanden beiderseits der Straße fünfgeschossige Mietskasernen als Arbeiterquartiere. Die Hochbahngesellschaft, die hier den Bau einer Strecke vom Potsdamer Platz zum Ringbahnhof Schönhauser Allee plante, entschied sich dafür, den nördlichen Abschnitt als Hochbahn zu errichten. Erstens war das kostengünstiger, weil kein Erdaushub und keine Verlegung von Wasser- und Gasröhren notwendig waren. Zweitens war die oberirdische Querung der Ringbahn einfacher, die hier in einem Einschnitt fuhr. Die Anwohner waren davon gar nicht begeistert, weil sie Erschütterungen und Lärm befürchteten, die Kaufleute kritisierten mögliche Geschäftsschädigungen durch das Monstrum vor der Ladentür. Vergeblich: Im März 1910 begannen die Arbeiten, die schon nach drei Jahren beendet waren. Die unterirdische Strecke Potsdamer Platz–Alexanderplatz ging am 1. Juli 1913 in Betrieb, der Rest bis Nordring (seit 1936 Schönhauser Allee) am Sonntag, den 27. Juli 1913.

Alfred Grenander und der Bauingenieur Johannes Bousset projektierten den Hochbahnhof Eberswalder Straße auf der Mittelpromenade der Schönhauser Allee mit einem Mittelbahnsteig. Das war eine Abkehr von den Seitenbahnsteigen, wie sie noch zehn Jahre zuvor an den Stationen der ersten Berliner Hochbahn in Schöneberg und Kreuzberg zu finden sind (zum Beispiel → Nollendorfplatz (oben), → Bülowstraße, → Görlitzer Bahnhof, → Schlesisches Tor). Der Bahnhof liegt knapp nördlich des Straßensterns Schönhauser Allee–Pappelallee–Kastanienallee–Eberswalder Straße–Danziger Straße. Die stählerne Bahnhofshalle ruht auf Werksteinjochen und -sockeln. Die einfachen und klaren Formen wirken trotzdem elegant. Der Zugang führt unter beiden Gleisen auf zwei Treppen über ein Podest zu einer weiteren Treppe. Dieses Zwischengeschoss wird durch eine gegliederte Sprossenfensterfront belichtet. Über dem Bahnsteig befindet sich eine Oberlichtraupe, sodass der Bahnhof ausreichend Tageslicht hat.

Die Vossische Zeitung berichtete am 28. Juli 1913 in der Montagsausgabe auf Seite 4 vom Betriebsbeginn: »Die Eröffnung der Untergrundbahn bis zur Station Nordring wurde gestern für die Bevölkerung jener Gegend zu einem förmlichen Volksfest. Bereits in den frühen Morgenstunden fuhr man vom Nordring und vom Alexanderplatz aus der Wissenschaft halber

U-Bahnhof Dimitroffstraße, 1989

auf der neu eröffneten Strecke. An den Ausgängen der Stationen standen dichte Scharen von Kindern, die jeden einfahrenden Zug mit Jubel begrüßten. Namentlich hinter der Station Senefelder Platz, wo die Strecke zur Hochbahn aufsteigt, gab es immer neue Schaulustige und verstärkte Freudenausrufe. Hier beobachtete man mit aufmerksamen Mienen und sachverständigen Auseinandersetzungen die automatische Signalvorrichtung.« Zu Recht, denn erstmals regelte ein selbsttätiges Signalsystem den Zugstrom.

1930, als die Strecke nach Pankow verlängert wurde, eröffneten auch Max und Charlotte Konnopke unter der Hochbahn

ihren stadtbekannten Wurststand, der bis heute als Familienunternehmen existiert.

Da die Danziger Straße 1950 nach dem ehemaligen bulgarischen Ministerpräsidenten Georgi Dimitroff benannt wurde, bekam auch der Bahnhof diesen Namen. Danzig, inzwischen zu Polen gehörig, klang doch zu revanchistisch.

Der Bahnhof und die Straßenkreuzung standen im Mittelpunkt als Drehort des DEFA-Klassikers *Berlin – Ecke Schönhauser*. Der Spielfilm von 1957 erzählt von einer Jugendclique, die sich dort regelmäßig trifft. Bemerkenswert ist die realistische Zeichnung des Lebens der Jugendlichen im Ost-Berliner Alltag.

1979 wurde die gesamte Hochbahnanlage in der Schönhauser Allee, die der Volksmund Magistratsschirm nennt, in die Bezirksdenkmalliste aufgenommen.

Name: Eberswalder Straße
Eröffnung: 27. Juli 1913
Namensänderungen: bis 1950 Danziger Straße, bis 1991 Dimitroffstraße
Architekten: Alfred Grenander und Johannes Bousset
Heutige Linie: U2

U2 Rosa-Luxemburg-Platz
U2 Senefelderpl.
BERLIN
1022-1
ils

U
U3 U7
Fehrbelliner Platz
BUS

Fehrbelliner Platz

Dort, wo die Westfälische Straße auf die Brandenburgische Straße trifft, plante Wilmersdorf frühzeitig einen Platz, der am 8. Januar 1892 den Namen »Fehrbelliner Platz« erhielt. Er sollte an eine siegreiche Schlacht der Brandenburger gegen die Schweden bei Fehrbellin 1675 erinnern. Aber außer viel Sand und einem Landhaus gab es in dieser Gegend nichts. Später siedelten sich hier Sportplätze und Schrebergärtner an. Das hinderte die vorausschauenden Wilmersdorfer nicht daran, hier mitten in der Pampa einen U-Bahnhof zu bauen, der am 12. Oktober 1913 eröffnet wurde. Er war Teil der Wilmersdorf-Dahlemer Linie vom Wittenberg- zum Thielplatz. Die Station weist eine starke Krümmung auf, weil die Linie hier vom Hohenzollerndamm in die Brandenburgische Straße einbiegt. Der Bahnhof, von Wilhelm Leitgebel konzipiert, ist mit einer Kassettendecke und keramikverkleideten achteckigen Pfeilern ausgestattet. Wie beim Bahnhof → Rüdesheimer Platz bestehen die Stationsschilder an den Tunnelwänden aus Mosaiksteinchen, umgeben von einem Relief mit je einem Raben links und rechts. Darunter befinden sich kleine Rechteckreliefs, abwechselnd mit einem Pferdeomnibus- und Dampfstraßenbahn-Motiv. Die dunklen, erdfarbenen Verkleidungen erinnern etwas an die düsteren, vollgestopften Salons jener Zeit.

Seit 1987 schmücken 16 verglaste großformatige Schwarz-Weiß-Fotos von Heinrich Zille zum Thema Alt-Berlin die Wände. Zwei schmiedeeiserne Gittertore, die am Ausgang Hohenzollerndamm in den Neubau integriert sind, stellen, die Schlacht von Fehrbellin symbolisierend, Waffen des brandenburgischen Heeres dar. Links windet sich Eichenlaub empor, rechts Lorbeer.

Bedeutung bekam der Bahnhof, als 1921–23 in unmittelbarer Nähe zwischen Ruhr- und Westfälischer Straße der Hauptsitz der Reichsversicherungsanstalt für Angestellte eröffnet wurde. Der Standort ist baulich ständig erweitert worden, der Name änderte sich in Deutsche Rentenversicherung. Zwischen 1934 und 1943 kamen vier fünfgeschossige Verwaltungsgebäude hinzu, die sich halbkreisförmig um den Platz legen. Viele Mitarbeiter konnten nun die schon vorhandene U-Bahn benutzen, um in ihre Büros zu kommen.

Mit Verlängerung der U7 wurde der U-Bahnhof Fehrbelliner Platz am 29. Januar 1971 zum Kreuzungsbahnhof. Da die U3 nicht sehr tief liegt, musste der neue Tunnel der U7 den alten Tunnel unterqueren. Auffällig ist das neue Zugangsgebäude, dass Rainer Gerhard Rümmler entwarf. Die verschachtelte Gestaltung und die Farbgebung bilden einen bewussten Kontrast

zu den geschlossenen regelmäßigen Natursteinfassaden der Verwaltungsbauten aus der NS-Zeit. Die abgerundeten Ecken nehmen andererseits wieder Bezug zu den halbrunden Gebäuden ringsum. Der Zugangspavillon ist mit kleinen roten Mosaiksteinen verkleidet. Der hohe Uhrenturm, mit dem Rümmler nach seinen eigenen Worten »den Verkehrsknotenpunkt zu einem unverwechselbaren Orientierungssymbol« gestalten wollte (Bauwelt 1971), brachte ihm den Spitznamen »Bohrinsel« ein. In den oberen Passagen ragen runde sonnengelbe Leuchten aus der Decke.

Die Verteilerebene mit Ladengeschäften im Tiefgeschoss ist für Ortsunkundige etwas unübersichtlich. Mehrere bauliche Eingriffe haben das ursprüngliche Erscheinungsbild überlagert. Das Geländer der Treppe mit Eichenlaubmotiven zwischen beiden Bahnsteigen stammt von der alten Kaiserdammbrücke von 1906.

Der neue Bahnsteig der U7 wirkt im Gegensatz zur gediegenen Gestaltung des alten Bahnsteiges der U3 spielerisch und fröhlich. Erreicht wird dies durch eine gelb-orange-violette Farbgebung der Tunnelwände samt der Bahnhofsbezeichnungen in dicken braunen Lettern. Viele Kanten sind gerundet, wie zum Beispiel die Kioske mit eingetieften Fenstern oder der Übergang von der Wand zur Decke. Hier hat Rümmler die eigentliche Lichtquelle versteckt, sodass es an der Decke eine indirekte Beleuchtung gibt. Den Fußbodenbelag, ursprünglich schwarzer Gussasphalt, tauschte man der besseren Helligkeit wegen gegen rosa gesprenkelte Granitplatten aus.

Name: Fehrbelliner Platz
Eröffnung: 12. Oktober 1913/29. Januar 1971
Namensänderungen: keine
Architekten: Wilhelm Leitgebel und Rainer Gerhard Rümmler
Heutige Linien: U3 U7

FEHRBELLINER PLATZ
Rendite ohne Raubbau:
UmweltSpektrum Fonds

Manteuffelstraße
U1, U3 Ersatzverkehr U Kottbusser Tor
B-V 5118

Görlitzer Bahnhof

Der Hochbahnhof Görlitzer Bahnhof ist Teil der ersten Berliner Hoch-/Untergrund-Bahnlinie, die am 18. Februar 1902 in Betrieb ging. Sie gilt auch als älteste U-Bahnstrecke Deutschlands. Die sechs Kilometer lange Linie führte vom Stralauer Tor (später Osthafen, 1945 geschlossen) als Hochbahn Richtung Westen und tauchte erst kurz vor dem Zielbahnhof Potsdamer Platz in den Untergrund ab.

Die Trasse der Kreuzberger Hochbahn wurde im frühen 18. Jahrhundert sozusagen vorgezeichnet. Zwischen 1734 und 1737 entstand eine neue Zoll- oder Akzisemauer, die auch das Desertieren von Soldaten verhindern sollte. Sie führte im großen Bogen um die Altstadt Berlins herum und schloss bebaute Grundstücke sowie freies Feld mit ein. Im Süden verlief sie vom Halleschen Tor Richtung Osten fast geradlinig auf die Spree zu. Wegen des sumpfigen Untergrundes stand hier zunächst nur ein Palisadenzaun, der 1802 durch eine Steinmauer ersetzt wurde.

Parallel zur Innenseite der Mauer verlief von Stadttor zu Stadttor eine Verbindungsstraße, damals Communikation genannt. An einige Tore erinnern heute noch die U-Bahnstationen → Schlesisches Tor, Kottbusser Tor und Hallesches Tor. In Höhe des heutigen Lausitzer Platzes wurde 1847 das Neue Köpenicker Tor zusätzlich eingefügt. Es stand damit knapp östlich vom späteren Hochbahnhof Görlitzer Bahnhof. Zwischen dem Halleschen Tor und dem Wassertor erstreckte sich die »Hallische Kommunikation«, die spätere Gitschiner Straße.

Östlich davon verlief die »Cotbusser Communikation« und die »Lausitzer Communikation«, aus der später die Skalitzer Straße entstand.

Die Zollmauer wurde 1866/67 abgebrochen. Die aus der »Communikation« entstandene Skalitzer Straße hatte eine etwa 12 Meter breite grüne Mittelpromenade, während diese in der Gitschiner Straße nur halb so breit war.

Zeitgleich mit dem Abriss der Zollmauer war jenseits davon der Görlitzer Bahnhof als Kopfbahnhof entstanden. Am 13. September 1866 wurde er für den Personenverkehr eröffnet. Das Bahnhofsgebäude im Stil der Neorenaissance entwarf August Orth. Er war auch der Architekt der schräg gegenüber stehenden Emmauskirche, die am 27. August 1893 eingeweiht wurde.

Als am 10. September 1896 die Fundamentierungsarbeiten für die Hochbahn in der Gitschiner Straße begannen, wurde die Trasse in Höhe der Kirche einige Meter verschwenkt, damit das Stahlgerüst etwas Abstand zum Gotteshaus hat

Der U-Bahnhof Görlitzer Bahnhof in Berlin Kreuzberg um 1902

(ähnlich wie die Hochbahntrasse an der Schöneberger Lutherkirche).

Zwischen der Einmündung zur Wiener Straße und dem Lausitzer Platz entstand der Hochbahnhof Oranienstraße straßenmittig nach Plänen von Heinrich Schwieger und Johannes Bousset. Wie anfangs auf der Linie üblich hatte er zwei Seitenbahnsteige, von denen nur der westliche Teil von einem Tonnendach überspannt wird. Der Zugang befindet sich an der Westseite unter der Hochbahntrasse. Die Treppe teilt sich nach einem Absatz auf etwa halber Höhe in zwei verglaste seitliche Treppenbauwerke, die zu den Bahnsteigen führen.

Am 14. Februar 1926 wurde der Stationsname nach dem nahen Fernbahnhof Görlitzer Bahnhof umbenannt. Den dortigen Personenverkehr stellte man am 29. Mai 1951 für immer ein. Das Bahnhofsgebäude verschwand nach einem Jahrhundert wieder. Es wurde zwischen 1961 und 1967 schrittweise abgebrochen. Bis 1985 gab es noch gelegentlichen Güterverkehr. Anschließend wurde aus dem Bahngelände der Görlitzer Park, umgangssprachlich auch »Görli« genannt. Auf dem ehemaligen Bahnhofsvorplatz eröffnete am 1. Februar 1987 die Schwimmhalle »Bad am Spreewaldplatz«.

Doch der Hochbahnhof heißt weiterhin Görlitzer Bahnhof. 1962 hatte man die Bahnsteige sogar von 78,10 Meter auf 107,60 Meter verlängert und 1981 die Dachabdeckung erneuert. Im Zusammenhang mit den Straßenkämpfen bei den Maikrawallen 1987 wurde der Bahnhof so stark beschädigt, dass er einige Wochen geschlossen bleiben musste.

Name: Görlitzer Bahnhof
Eröffnung: 18. Februar 1902
Namensänderungen: Oranienstraße bis 1926
Architekten: Heinrich Schwieger und Johannes Bousset
Heutige Linien: U1 U2

Warschauer Straße
30
BERLIN
575
575

U
Heidelberger Platz

Heidelberger Platz

30 Jahre, bevor der U-Bahnhof Heidelberger Platz entstand, wurde am 15. Dezember 1883 an fast gleicher Stelle die Ringbahnstation Schmargendorf eröffnet. Der Haltepunkt stand etwa auf halber Strecke zwischen den Dörfern Wilmersdorf und Schmargendorf. Die Verbindung beider Dörfer war die heutige Mecklenburgische Straße. Am Schnittpunkt dieser Straße mit der Ringbahn entstand die Bahnstation. Das heutige Empfangsgebäude wurde 1890–92 im neoromanischen Stil errichtet. Zu dieser Zeit hatte Wilmersdorf bereits etwa 15.000 Einwohner, um 1910 waren es schon über 100.000. Es begann eine rasche Bebauung der Wilmersdorfer Felder und Wiesen mit Wohnhäusern. Wilmersdorf, seit 1906 eine selbstständige Stadt, plante zur Erschließung der fertiggestellten und geplanten Wohnviertel eine selbst finanzierte U-Bahn. Die 8,5 Kilometer lange Strecke nahm am U-Bahnhof → Wittenbergplatz ihren Anfang und lief dann über die Stationen Nürnberger Straße (1959 geschlossen), Hohenzollernplatz, → Fehrbelliner Platz, Heidelberger Platz und → Rüdesheimer Platz. Die Wilmersdorfer Grenze zu Steglitz und Dahlem verlief einst quer über den nachfolgenden Bahnhof Breitenbachplatz, der heute vollständig in Dahlem liegt. Daran schloss sich die Dahlemer Linie mit den Bahnhöfen → Dahlem-Dorf und Thielplatz an.

Der Bau der U-Bahnlinie begann 1911. Der U-Bahnhof Heidelberger Platz wurde so dicht am S-Bahnhof Schmargendorf gebaut, dass eine Umsteigemöglichkeit bestand. Da der Einschnitt der Ringbahn unterfahren werden musste, liegt der Bahnhof ungewöhnlich tief. Außerdem liegt er in einer Kurve, da die Strecke von der Barstraße in die Aßmannshauser Straße eingefädelt werden muss.

Die Stadt Wilmersdorf, die ihren Wohlstand zeigen wollte, ließ den Bahnhof durch den Architekten Wilhelm Leitgebel im Stil des Historismus wie eine unterirdische Kathedrale gestalten. Statt genieteter Stahlstützen, wie zur selben Zeit von Grenander verwendet, entstanden hier verzierte, wuchtige Granitmittelstützen. Der Bildhauer Martin Meyer-Pyritz schuf Tierplastiken wie zum Beispiel Hasen oder Krebse an den vier Ecken der Stützpfeiler, auf denen ein Kreuzgewölbe ruht, dessen geometrische Formen an der Decke farbig nachgezeichnet sind. Leuchtkandelaber, die an Ketten von der Decke hängen, verstärken durch ihre Lichtwirkung den sakralen Charakter.

Andererseits hat man angesichts des angrenzenden Rheingauviertels Assoziationen zu einem Weinkeller.

Am Sonntag, den 12. Oktober 1913 wurde die Linie unter großer Beteiligung der neugierigen Bevölkerung in Betrieb genommen. Das Berliner Tageblatt schrieb tags darauf: »Von den neuen Bahnhöfen hatte der Heidelberger Platz den größten Erfolg. Laute Ahs und Ohs tönten, wenn die gewaltigen Wölbungen sich märchenhaft auftaten. Aber allzu rasch entschwand die Herrlichkeit und in dem Bedauern über die Kürze des Genusses lag zugleich die Begründung aller Bedenken: wozu, wenn man nichts davon hat?«

Doch wer hier nicht aussteigt, verpasst die sehenswerte Kuppelhalle am südlichen Zugang. Sie ist mit einem goldfarbenen Mosaikband mit Blumengirlanden und dem Wappen der Adelsfamilie Plotho mit den drei Lilien geschmückt. Hier befindet sich auch der Zugang zum S-Bahnhof, der 1993 von Schmargendorf ebenfalls in Heidelberger Platz umbenannt wurde. An den Tunnelwänden hängen heute großformatige Fotos der namensgebenden Stadt Heidelberg.

Den südlichen Zugang umrahmt eine runde Pergola auf elf Säulen, wie sie früher an einigen Berliner U-Bahnhöfen zu finden waren. Das Brüstungsgitter zur Treppe ist ebenso mit Blumenmotiven geschmückt wie das Tor am Eingang. Am nördlichen Zugang am Bahnhof Heidelberger Platz stand früher auch eine solche Pergola, die aber 1957/58 im Rahmen vom Straßenumbauarbeiten beseitigt wurde. Das Zwischengeschoss ist hier mit Keramikkacheln verschiedener Motive geschmückt. In den 1980er-Jahren wurde die gesamte Strecke Wittenbergplatz – Krumme Lanke unter Denkmalschutz gestellt.

Name: Heidelberger Platz
Eröffnung: 10. Oktober 1913
Namensänderungen: keine
Architekt: Wilhelm Leitgebel
Heutige Linie: U3

U3 Nollendorfplatz
1059-1

U7 Rudow
Hermannplatz
Hermannplatz

Hermannplatz

Ursprünglich war der Hermannplatz nur eine Straßenkreuzung: Der Straßenzug Gneisenaustraße–Hasenheide–Karl-Marx-Straße führte nach Rixdorf, der Straßenzug Kottbusser Damm–Hermannstraße–Britzer Damm von Berlin nach Britz. Später kamen etwas weiter nördlich die Urbanstraße und die Sonnenallee als einmündende Straßen hinzu. Zwischen den beiden Kreuzungen entstand der Hermannplatz, der zunächst »Platz am Rollkrug« hieß. Der Rollkrug war das erste Gebäude am Platz (heute Hermannstraße 256–258/Karl-Marx-Straße 2). Das Gasthaus entstand um 1737 und wurde 1907 abgerissen.

Am 9. September 1885 wurde Name in Hermannplatz geändert, wobei unklar ist, ob man damit Hermann den Cherusker (Schlacht im Teutoburger Wald) oder den Gemeindevorsteher Hermann Boddin meinte. Die alte Berliner Stadtgrenze ist heute die Grenze zwischen Friedrichshain-Kreuzberg (Karstadt) und Neukölln (Hermannplatz).

Die Warenhauskette hatte bereits in den 1920er-/30er-Jahren an etlichen Stellen in Berlin Grundstücke gekauft, diese aber erst mit einem Warenhaus bebaut, wenn ein U-Bahnanschluss bereits vorhanden oder dessen Bau fest geplant war. Beispielsweise eröffnete Karstadt in der Steglitzer Schloßstraße 1967 ein Warenhaus, die U-Bahn kam 1974. Der 1923 eröffnete U-Bahnhof Leopoldplatz im Wedding wurde 1961 zum Kreuzungsbahnhof. 1978 eröffnete dort ein Karstadt-Kaufhaus.

Am Hermannplatz kamen Warenhaus und U-Bahnanschluss fast gleichzeitig. Die Linie der heutigen U6 führte 1924 vom Bahnhof Seestraße über die Station Mehringdamm zum Bahnhof Südstern (heute U7). Am 11. April 1926 wurde diese Strecke über die Bahnhöfe Hermannplatz–Rathaus Neukölln–Karl-Marx-Straße verlängert.

Für diese Linie entstand tief unter dem Hermannplatz eine über sieben Meter hohe Halle. Der Bahnsteig ist 22 Meter breit und 140 Meter lang. Die achteckigen Säulen in der Mitte der Bahnsteighalle sind mit grauen Fliesen versehen und erinnern im oberen Bereich an byzantinische Architektur. Die Wände sind unten grau, darüber in Sonnengelb gefliest. Die Stationsnamen im grauen Wandteil sind gelb eingefasst. Die Decke ist in abgesetzte Felder unterteilt, die dem Säulenabstand entsprechen. In jedem Deckenfeld und in dem Deckenband zwischen den Säulen befinden sich zentral halbkugelförmige Leuchten.

Am 17. Juli 1927 wurde auch der obere Bahnsteig eröffnet, als der gut 1,5 Kilometer lange Streckenabschnitt von Boddinstraße bis Schönleinstraße in Betrieb ging (heute U8). Während

Karstadt am Hermannplatz, das einzige Warenhaus mit eigenem U-Bahnhof, 1929

Alfred Grenander für beide Bahnsteige verantwortlich war, wurde er von Alfred Fehse beim oberen Bahnsteig unterstützt. Dieser ist mit 2,85 Metern Höhe gedrungener als der untere Bahnsteig. Die Wände sind grau gefliest, nur die oberen und unteren Ränder und die doppelreihigen Säulen sind gelb.

Der prächtige Eindruck der unteren Halle wird allerdings dadurch gemindert, dass sich der obere Bahnsteig wie ein riesiger Balken quer durch die Halle schiebt. Beide Bahnsteige wurden durch hölzerne Rolltreppen miteinander verbunden, damals eine Neuerung im Bereich der Berliner U-Bahn.

Am westlichen Rand des Hermannplatzes wurde am 21. Juni 1929 ein riesiges Karstadt-Kaufhaus eröffnet, damals das größte und modernste Warenhaus auf dem europäischen Kontinent. Von beiden Bahnsteigen gelangt man ohne Umweg über die Straße in das Untergeschoss des Gebäudes. Das bis dahin unzerstörte Warenhaus wurde am 25. April 1945 vermutlich von der SS gesprengt oder in Brand gesteckt, damit die Lebensmittelvorräte nicht der Roten Armee in die Hände fielen, die die Ruine zwei Tage später erreichte. Karstadt wurde vereinfacht wiederaufgebaut, eine Wiederherstellung im alten Stil wird kontrovers diskutiert. 1991–93 modernisierte man den gesamten Bahnhof, wobei allerdings Farbe und Struktur der Fliesen nicht exakt getroffen wurden. Die Fliesen an den Pfeilern blieben jedoch im Original erhalten.

Name: Hermannplatz
Eröffnung: 11. April 1926 (unten), 17. Juli 1927 (oben)
Namensänderungen: keine
Architekten: Alfred Grenander und Alfred Fehse
Heutige Linien: U7 U8

annplatz
Hermannplatz
U7 Rudow
2903
OzyBack

U
U
Klosterstraße

Klosterstraße

Die Klosterstraße hat ihren Namen von dem Franziskanerkloster, das von etwa 1270 bis zur Einführung der Reformation im Jahr 1539 hier bestand. Wegen der grauen Kutten der Mönche wurde es auch Graues Kloster genannt. Von 1574 bis zur Zerstörung 1945 nutzte das Berlinische Gymnasium zum Grauen Kloster die Gebäude. Die kriegszerstörte Klosterkirche blieb als Ruine an der Ecke Kloster-/Grunerstraße als Baudenkmal erhalten.

Die Weiterführung der U-Bahnlinie vom → Spittelmarkt zum Alexanderplatz war 1,7 Kilometer lang und umfasste drei Bahnhöfe: → Märkisches Museum, Klosterstraße und Alexanderplatz.

Da südlich des Bahnhofes die Spree unterfahren werden muss, liegen Tunnel und Bahnhof so tief, dass Zwischengeschosse angelegt wurden. Zeitgleich entstand direkt neben dem Tunnel das Alte Stadthaus, das am 29. Oktober 1911 eröffnet wurde.

Die Station war ursprünglich als Verzweigungsbahnhof geplant, denn hier sollten Züge sowohl Richtung Schönhauser Allee als auch über die Frankfurter Allee Richtung Lichtenberg fahren. Dies erforderte zwei Bahnsteige. Der Erste Weltkrieg verhinderte die Umsetzung, und später wurde diese Idee verworfen. Noch heute sind zwei Granitbänder im Bahnsteigboden erkennbar. Dabei handelt es sich um die ehemals geplanten Bahnsteigkanten für das mittlere Gleis, sodass der zusammengelegte Bahnsteig nun ungewöhnlich breit ist. Erkennbar ist dies auch an der asymmetrischen Anordnung der Stahlpfeiler. Diese sind natürlich – typisch Grenander – nietenbesetzt. Entlang dieser Stützen waren Geländer vorgesehen, vergleichbar denen vom → Wittenbergplatz. Ebenso wurden an beiden Bahnhofsenden zwei Treppenzugänge erstellt, je einer pro Bahnsteig. Heute kann man sich eine Treppe aussuchen und kommt auf alle Fälle auf dem »richtigen« Bahnsteig an.

Vor allem im südlichen Zwischengeschoss (Höhe Altes Stadthaus) sind die Wände mit glasierten Fliesen in Weiß, Gelb und Blau mit Motiven stilisierter Palmen verziert. Sie sind jenen im Thronsaal des Palastes von König Nebukadnezar II. in Babylon nachempfunden, deren Originale seit 1930 im Pergamonmuseum zu bewundern sind. Dass der babylonische Wandschmuck gerade in diesem Bahnhof angebracht wurde, hängt wohl mit dem Baumwollhändler James Simon zusammen. Der Förderer der Berliner Museen, der die deutschen Ausgrabungen in Babylon über die Deutsche Orient-Gesellschaft finanziell unterstützt hatte, residierte mit seinem Firmensitz in der Klosterstraße 80/82 (heute Umbauung des Fernsehturms). Gleichzeitig veranschaulichte man damit erste Ergebnisse der Grabung für die Berliner Bevölkerung.

Ebenfalls in der Vorhalle, am Ausgang Stralauer Straße, hängt eine Metalltafel aus dem Jahr 1913. Sie zeigt an den Längsseiten von oben nach unten Köpfe und Namen von Berlinern, die mit der Geschichte der Berliner Hoch- und U-Bahn verbunden sind. Im mittleren Teil der Tafel sind Eckdaten der Berliner U-Bahngeschichte angebracht. Die Tafel war seit dem Zweiten Weltkrieg verschollen. Sie tauchte erst in den 1980er-Jahren wieder auf und hängt heute am Originalort.

Vier Gemälde von Ludwig Hohlwein in der südlichen Vorhalle stellen vier Stadtteile Berlins in der Vogelschau dar, die zukünftig durch eine U-Bahn erschlossen werden sollten: Neu-Westend, Schöneberger Südgelände, Dahlem und Neu-Tempelhof.

Der Bahnhof wurde 1983–85 rekonstruiert, und an den Zugängen wurden historisierende Eingangsportale geschaffen. Im Bahnhof hängen an den Tunnelwänden seither Bildtafeln mit Darstellungen aus der Fahrzeuggeschichte des Berliner öffentlichen Personennahverkehrs. Zwischen den Treppenaufgängen an der Nordseite steht im nie genutzten Gleistrog der Vorderteil eines ehemaligen Schöneberger U-Bahnwagens aus dem Jahre 1910.

Mitten auf dem Bahnsteig ist am 7. Oktober 2017 ein Förderwagen aufgestellt worden, der bis in die 1970er-Jahre im VEB Bergbauerkundung Oeslnitz im Einsatz war. Er soll daran erinnern, dass Berlin ohne Bergbau und Rohstoffe nicht das geworden wäre, was es heute ist – eine Millionenmetropole.

Name: Klosterstraße
Eröffnung: 1. Juli 1913
Namensänderungen: keine
Architekt: Alfred Grenander
Heutige Linie: U2

Kloste
U2 Klosterstraße
BVG
VBB
1084-4
BERLIN
1084-4

C D
Frankfurter Allee
Magdalenenstraße
Alfredstraße
BUS
U5
Hauptbahnhof
Magdalenenstraße
i
A B
Frankfurter Allee
Ruschestraße
Magdalenenstraße

Magdalenenstraße

Die Magistrale Karl-Marx-Allee/Frankfurter Allee wurde von der neuen U-Bahnlinie E erschlossen, indem am 21. Dezember 1930 die Strecke vom Alexanderplatz nach Friedrichsfelde mit zehn Bahnhöfen in Betrieb ging. Es waren die letzten Werke von Alfred Grenander, der am 14. Juli 1931 im Alter von 68 Jahren in Berlin starb. Für den Bahnhof waren zunächst auch die Namen Lichtenberg-Mitte oder Alfredstraße im Gespräch.

Der 121 Meter lange und neun Meter breite Bahnsteig mit zwei Ausgängen war dem Zeitgeist entsprechend im Stil der neuen Sachlichkeit gehalten. Grenanders Handschrift findet sich hier in einer genieteten Pfeilerreihe in der Bahnsteigmitte und der »Kennfarbe« Grau für Pfeiler und Fliesen. Nach seinem Prinzip der Kennfarbe soll sich jede Station durch eine Farbe deutlich von den jeweils davor beziehungsweise dahinter liegenden Bahnhöfen unterscheiden.

Trotz mehrerer alliierter Bombentreffer blieb der Bahnhof während des Zweiten Weltkrieges verschont.

1950 wurde das DDR-Ministerium für Staatssicherheit (MfS) gegründet. Die Zentrale entstand im Baublock Frankfurter Allee – Ruschestraße – Normannenstraße – Magdalenenstraße. Das brachte der Gegend im Volksmund den Spitznamen »Stasigrad« ein. Der Gebäudekomplex der früheren Stasi-Zentrale beherbergt heute ein Museum, in dem die Methoden zur Durchsetzung des Staatswillens anschaulich dokumentiert sind.

Anlässlich des XI. Parteitages der SED 1986 und der 750-Jahrfeier Berlins 1987 beschloss der Ost-Berliner Magistrat zu Beginn der 1980er-Jahre, mehrere U-Bahnhöfe im Rahmen ihrer Renovierung mit Wandbildern auszustatten. Dabei wurde jedem Bahnhof ein konkretes Thema zugeteilt.

Wohl wegen der unmittelbaren Nähe zum MfS wurde der U-Bahnhof Magdalenenstraße ausgewählt, die Tunnelwände mit großformatigen Gemälden zum Thema »Geschichte der Arbeiterbewegung« zu schmücken. Einen ausgeschriebenen Wettbewerb gewannen die Entwürfe des Bildhauers Hartmut Hornung und des Malers Wolfgang Frankenstein. Finanziert wurden die Arbeiten mit Mitteln der Kunst-am-Bau-Regelung. Die künstlerische Koordination übernahm eine Gruppe, der Mitarbeiter des »Büros für architekturbezogene Kunst« im Verband Bildender Künstler der DDR sowie Beschäftigte der Verkehrsbetriebe angehörten.

Jedes Bild besteht aus 352 bemalten Meißner Porzellankacheln, die im VEB Elektrokeramik »Artur Winzer« in Pankow

gebrannt wurden. An den Tunnelwänden sind die Werke gut sichtbar und vor Witterung oder Vandalismus geschützt.

20 Bilder illustrieren in chronologischer Abfolge wesentliche Ereignisse der Geschichte der deutschen Arbeiterbewegung: Der Zyklus beginnt rechts vom Aufgang zum Frankfurter Tor: Die Weber, März 1848, Bergarbeit, Hegel vom Kopf auf die Füße gestellt, Mechanisierung, Pariser Kommune, Kriegsausbruch 1914, Erster Weltkrieg, Oktoberrevolution, November 1918. Auf der gegenüberliegenden Seite wird die Reihe fortgesetzt: Fabrikarbeit, Streik, Reichstagsbrand, Bücherverbrennung, Buchenwald, Zweiter Weltkrieg, Berlin 1945, Aufbau, Gegen Atomtod, Friedensdemonstration.

Die Wandgemälde erinnern an den Expressionismus. Es dominiert der Farbdreiklang Blau-Ocker-Schwarz. Staatlicherseits gab es bald Kritik. Die Gemälde seien düster und passten nicht in das heroisierende Bild der Arbeiterbewegung, wie die SED sie sah. Die Künstler sollten das volle Honorar erhalten, wenn sie die Arbeiten einstellen würden. Als diese ablehnten, versuchte man, den Arbeitsprozess zu behindern. Letztlich wurden die Arbeiten 1986 fertig, wobei der VEB Fliesenleger Blankenfelde nur nachts in den U-Bahnbetriebspausen arbeiten konnte. Eine offizielle Eröffnung gab es wegen der Differenzen nicht. 1986 ersetzte man die ursprünglichen Fliesen durch beige-weiße und hellgrüne. Diese wurden bei der Sanierung 2004 wieder abgeschlagen und durch grüne Emailleplatten ersetzt. Den ursprünglich asphaltierten Boden legte man mit Granitplatten aus.

Name: Magdalenenstraße
Eröffnung: 21. Dezember 1930
Namensänderungen: keine
Architekt: Alfred Grenander
Heutige Linie: U5

U
Märkisches Museum
Inselstraße
30
ZONE

Märkisches Museum

Die Linie vom Potsdamer Platz zum → Spittelmarkt war 1908 in Betrieb gegangen. 1913 folgte der 1,7 Kilometer lange Abschnitt Spittelmarkt–Alexanderplatz. Die Trasse verläuft unter der Wallstraße, die den ab 1736 abgetragenen Festungsanlagen folgt. Zwischen Neuer Roßstraße und Inselstraße sollte ein Bahnhof angelegt werden, der zunächst Inselbrücke hieß.

Da die Linie nach dem Bahnhof nach Norden verschwenkend die Spree Richtung → Klosterstraße unterfahren sollte, musste die Station 6,50 Meter tief unter Straßenniveau verlegt werden. Grenander verwendete hier aber nicht seine bevorzugten Stahlträger als Deckenstützen, sondern entschied sich für ein Korbbogengewölbe. Dabei wird die Drucklast in die Auflager abgeleitet. Ein Korbbogen setzt am Bogenanfang mit einer starken Krümmung an, während diese im Scheitelbereich geringer ist. So entsteht ein »gedrückter« Bogen, der optisch einer liegenden Ellipse ähnelt. Das Ergebnis ist eine Halle mit ansprechender, übersichtlicher Raumwirkung ohne störende Deckenträger. Sie misst an ihrer höchsten Stelle 5,20 Meter. Eine Konstruktion ohne Deckenstützen gibt es in Berlin sonst nur noch im U-Bahnhof Platz der Luftbrücke, wenngleich die Decke dort ganz anders gestaltet ist.

Das Gewölbe über dem Mittelbahnsteig erhielt vollflächig weiße Fliesen mit grünen Elementen, weil Grün als Kennfarbe dieses Bahnhofs gilt. Der Bahnsteig ist 121,30 Meter lang und 7,60 Meter breit. Die beiden Ausgänge sind durch ein kleines Mittelgeschoss unterbrochen.

1935 wurde dem Bahnhof auf Antrag der Leitung des Märkischen Museums der Name dieser Institution gegeben, obwohl sie gut 300 Meter entfernt liegt.

Während des Zweiten Weltkrieges wurde die Gewölbedecke am 24. Mai 1944 leicht beschädigt. Am 2. Mai 1945 kam es zu einem Wassereinbruch. Erstens wurde die Dichtung des Spreetunnels zwischen den Bahnhöfen → Klosterstraße und Märkisches Museum infolge eines Luftangriffes beschädigt. Gravierender wirkte sich die Sprengung des Tunnels der S-Bahn unter dem Landwehrkanal durch die SS etwa zur gleichen Zeit aus. Man hoffte, damit der Roten Armee ein unterirdisches Vordringen ins Stadtzentrum zu erschweren. Die Wassermassen liefen am Bahnhof Friedrichstraße über in die heutige U-Bahnlinie 6 und deren Kreuzungsstation Stadtmitte in die heutige U2 und fluteten somit auch in den Bahnhof Märkisches Museum.

U-Bahnhof Märkisches Museum, 1984

Der Ost-Berliner Magistrat beschloss zu Beginn der 1980er-Jahre aus Anlass des XI. Parteitages der SED 1986 und dem 750. Stadtjubiläum Berlins 1987 mehrere U-Bahnhöfe im Rahmen ihrer Renovierung mit Wandbildern zu schmücken. Dabei bekam jeder Bahnhof ein bestimmtes Thema zugeteilt. Bei der Nähe zum namensgebenden Märkischen Museum lag es auf der Hand, an die Stadtgeschichte erinnern. Von Jo Doese stammen die Stadtplaninterpretationen als Hochrelief, eine Collage aus zeittypischem Material wie zum Beispiel Beton. Angedeutet werden Stadtgrundrisse Berlins von 1237, 1680, 1810, 1900, 1920 und Ost-Berlins 1987. Sie werden auf der gegenüberliegenden Bahnsteigseite gespiegelt. Zwischen den Stadtkarten finden sich 24 Stuckreliefs von Karl-Heinz Schäfer und Ulrich Jörke, jeweils eine Karte und zwei Reliefs abwechselnd. Die geometrischen Linien auf den Reliefs assoziieren Stadtgrundrisse mit Beispielen aus dem Schaffen bedeutender Künstler aus der Gotik und der Renaissance, dem Barock, Klassizismus, Historismus, Jugendstil, der Moderne, dem Sozialistischen Realismus und der Gegenwart. Zitierte Künstler sind unter anderem Christian Daniel Rauch, Andreas Schlüter, Johann Gottfried Schadow, Karl Friedrich Schinkel, Friedrich Drake oder Käthe Kollwitz. So gleicht der Bahnhof einer Ausstellungshalle. An den beiden Ausgängen ließ die Stadt Berlin neue, den historischen Vorbildern nachempfundene, Eingangsportale errichten.

Nach Restaurierungen um die Jahrtausendwende zeigt sich der Bahnhof heute wieder in seinem Ursprungszustand von 1913.

Name: Märkisches Museum
Eröffnung: 1. Juli 1913
Namensänderungen: bis 1935 Inselbrücke
Architekt: Alfred Grenander
Heutige Linie: U2

IG BCE
Märkisches Museum

Abfahrt
Linie Ziel
U5 Hönow
U5 Hönow
8'
Gleis 2

Museumsinsel

Der jüngste Berliner U-Bahnhof Museumsinsel ist der 175. des Streckennetzes. Er gehört zum 2,2 Kilometer langen Lückenschluss der U5 zwischen Brandenburger Tor und Alexanderplatz. 1,6 Kilometer der Strecke wurden unterirdisch mit der Tunnelvortriebsmaschine »Bärlinde« ausgehöhlt. Das Ungetüm ist 74 Meter lang, 700 Tonnen schwer und hat vorn ein 6,67 Meter großes Schneidrad. Dahinter wurden gleich 1.076 Tunnelsegmente verbaut.
So entstanden unter der Straße Unter den Linden zwischen dem 20. Juni 2013 und dem 14. Oktober 2015 zwei parallele Röhren à 1.620 Metern Länge. Die übrigen 600 Meter Tunnel am östlichen Ende waren seit 1930 als Aufstell- und Kehranlage bereits vorhanden.

Der U-Bahnhof Museumsinsel liegt schräg zum Boulevard Unter den Linden zwischen Zeughaus und Humboldt Forum, knapp südlich der Schlossbrücke. Danach unterquert der Tunnel das Humboldt Forum diagonal und die Spree knapp nördlich der Rathausbrücke, bevor er den Bahnhof → Rotes Rathaus erreicht.

Der Bau des U-Bahnhofes Museumsinsel unter dem Spreekanal war besonders aufwendig, weil der Aushub einer offenen Baugrube nicht möglich war. Ähnlich wie beim Bau des U-Bahnhofes → Brandenburger Tor arbeitete man auch hier mit Bodenvereisung, um in einer stabilen Umgebung die Bahnhofshalle bergmännisch herausbrechen zu können. Dazu wurden von zwei Baugruben aus über eine Länge von 105 Metern 95 Vereisungslanzen horizontal ins Erdreich gebohrt. In 80 Tagen entstanden um die beiden Tunnelröhren 28.000 Kubikmeter vereister Boden. Die ausgefrästen Hohlräume wurden gleich mit einer Spritzbetonschale gesichert und die Innenschale ausbetoniert. Das Auftauen erfolgte per Fernwärme.

Der neue Streckenabschnitt ging nach zehn Jahren Bauzeit am 4. Oktober 2020 in Betrieb. Er kostete etwa 530 Millionen Euro. Da der Bahnhof Museumsinsel nicht rechtzeitig fertig geworden war, fuhren die Züge bis zum 8. Juli 2021 ohne Halt durch.

Bekannt wurde der Bahnhof durch einen Sternenhimmel 20 Meter unter Tage, bestehend aus 6.662 LED-Lichtern an der ultramarinblauen gewölbten Decke. Dudler ließ sich dabei von einem Bühnenbild für Mozarts Zauberflöte inspirieren, das Karl Friedrich Schinkel 1816 geschaffen hatte. Der Bezug zu Schinkel findet sich im Alten Museum, den Schlossbrückenfiguren, der Friedrichswerderschen Kirche und der wiederaufgebauten Ecke der Bauakademie, alles in Sichtweite zum U-Bahnhof.

Im Inneren sind auf allen Ebenen Verkleidungen mit graublau getöntem Kössein-Granit aus dem Fichtelgebirge (Oberfranken) zu finden, was dem Bahnhof eine etwas kühle Strenge verleiht. Zwei Reihen Pfeiler bilden eine Art Säulenhalle auf dem 180 Meter langen Mittelbahnsteig. In die Pfeiler sind vertikale Lichtleisten integriert. Architekturkritiker bemängeln, dass die Pfeiler konstruktiv so wuchtig gar nicht nötig gewesen wären. Sie verstärken die beengte bauliche Situation, zumal der Bezug zu Schinkel unklar bleibt. An den Tunnelwänden zeigen großformatige Fotos von Stefan Müller und Philipp Arnold architektonische Details der Museumsinsel.

Auf der Spreeinsel bilden fünf Häuser ein gemeinsames Ensemble: Altes Museum (1830), Neues Museum (1859), National-

galerie (1876), Bode-Museum (1904) und Pergamonmuseum (1930). In den Gebäuden finden sich hauptsächlich die Gemälde-, Münz- und weltberühmte Antikensammlungen (ägyptisch, griechisch, römisch, byzantinisch-vorderasiatisch). Die fünf Museen der Museumsinsel gehören alle zum Museumsverbund der Staatlichen Museen zu Berlin, die ihrerseits Teil der Stiftung Preußischer Kulturbesitz sind. Seit 1999 ist die Museumsinsel UNESCO-Welterbe. 2019 wurde die James-Simon-Galerie als zentraler Eingang und Besucherzentrum nach Plänen von David Chipperfield am Neuen Museum eröffnet. Mit dem Deutschen Historischen Museum im Zeughaus und dem Humboldt Forum mit der nachgebauten Fassade des Berliner Schlosses in unmittelbarer Nachbarschaft ist ein Museumskomplex von Weltrang entstanden.

Name: Museumsinsel
Eröffnung: 9. Juli 2021
Namensänderungen: keine
Architekt: Max Dudler
Heutige Linie: U5

SOS
i
U5
Hönow
5066-4

U U
METROPOL
U-Bhf Nollendorfplatz

Nollendorfplatz

Am 11. März 1902 ging der westliche Teil der Stammstrecke vom Potsdamer Platz über Gleisdreieck nach → Zoologischer Garten mit dem neuen Hochbahnhof Nollendorfplatz in Betrieb. Richtung Zoologischer Garten wurde die Strecke über eine Rampe in der Mitte der Kleiststraße in den Untergrund geführt.

Der Bahnhof steht auf der Platzmitte und hat zwei Seitenbahnsteige. Wilhelm Albert Cremer und Richard Wolffenstein überwölbten ihn am Westende mit einer wuchtigen Kuppel. Am 25. März 1902 ging zusätzlich die durchgehende Strecke Stralauer Tor–Zoologischer Garten über Gleisdreieck in Betrieb, ohne den Potsdamer Platz anzufahren.

Unterhalb der Rampe wurde 1904 der sogenannte Nickelmannbrunnen installiert. Nickelmann ist ein altdeutsches Wort für Wassermann. Er wurde von dem Bildhauer Otto Westphal geschaffen und besteht aus einer bizarren Gestalt, aus der einst Wasser strömte.

Seit dem 1. Dezember 1910 endete die unterirdische Schöneberger U-Bahn am Nollendorfplatz. Unter der Ecke zur Motzstraße entstand nach Plänen des Schöneberger Stadtbaurates Friedrich Gerlach ein Bahnhof mit Mittelbahnsteig. Die Verbindung zum Hochbahnhof erfolgte über einen Fußgängertunnel und einen gedeckten Gang.

Ab 1915 begann etappenweise der Umbau des Bahnhofes. Unter dem Hochbahnhof (heute U2) und der ebenerdigen Eingangshalle entstanden zwei zusätzliche Bahnsteige, die übereinander liegen. Damit hatte der Bahnhof vier Stockwerke. Die Schöneberger U-Bahn (heute U4), die Strecke von Uhlandstraße (heute U1) und von Dahlem (heute U3), beide Richtung Warschauer Straße, wurden in die beiden Tiefbahnsteige eingefädelt. Dabei halten die von Schöneberg und dem Kurfürstendamm kommenden Züge am oberen Bahnsteig, die vom Osten kommenden Züge am unteren. In diesem Zusammenhang entstand etwas nördlich eine Entlastungsstrecke über den neuen U-Bahnhof Kurfürstenstraße (heute U1/U3) zwischen Wittenbergplatz und Gleisdreieck.

Der nach Plänen von Johannes Bousset umgebaute Bahnhof ging zusammen mit der Entlastungslinie am 24. Oktober 1926 in Betrieb. Die neue Eingangshalle als Flachbau mit Zugängen von Norden und Süden wurde von Alfred Grenander entworfen. Damit verschwand auch der Verbindungsgang zur Schöneberger U-Bahn. Die Werkstein- und Steinmetzarbeiten der Halle führten die Kirchheimer Kalk- und Steinwerke GmbH in Würzburg aus. Im südlichen Rundbau der Vorhalle entstand seitlich ein Raum, der an die Opfer der damaligen Hochbahngesellschaft im Ersten Weltkrieg erinnert. Die Wände sind mit Muschelkalkplatten ausgekleidet. Auf 18 Bronzetafeln, die die Firma Alex Müller lieferte, sind die Namen der betriebsangehörenden Kriegsgefallenen verzeichnet. Nach 1945 wurde eine weitere Gedenkplatte mit den Namen der im Zweiten Weltkrieg gefallenen Angehörigen der Verkehrsgesellschaft angebracht. Der Hochbahnhof wurde 1928/29 verlängert.

Im Zweiten Weltkrieg wurde der Bahnhof durch Bombenangriffe stark zerstört. Unterirdisch konnte der Betrieb zwar schon wieder am 24. Juni 1945 wieder aufgenommen werden, der Verkehr auf Hochbahn lief jedoch erst am 24. Mai 1947 wieder an. Die Anlage wurde 1955 in stark vereinfachter Form neu aufgebaut.

Nach dem Mauerbau 1961 endeten die Züge Richtung Pankow schon am Gleisdreieck, was zu einem starken Rückgang der Fahrgastzahlen führte. Deshalb wurde der Hochbahnhof am 1. Januar 1972 geschlossen, der Streckenabschnitt stillgelegt. Am 2. September 1973 eröffnete dort ein Trödelmarkt in 16 ausrangierten U-Bahnwaggons mit der Kneipe »Zur Nolle«. Ab dem 16. August 1978 fuhr ein Museumstriebwagen der Straßenbahn auf der Hochbahntrasse zum U-Bahnhof → Bülowstraße, wo ein Türkischer Basar eingerichtet worden war.

Nach der Wiedereinigung verschwanden Trödelmärkte und Straßenbahn 1991 wieder. Seit dem 13. November 1993 rollt hier wieder die U-Bahn.

Zwischen 1999 und 2002 wurde die Kuppel in vereinfachter Form neu errichtet.

Name: Nollendorfplatz
Eröffnung: 11. März 1902
Namensänderungen: keine
Architekten: Wilhelm Albert Cremer und Richard Wolffenstein
Heutige Linien: U1 U2 U3 U4

U2 Alexanderplatz
U2 Klosterstraße
BERLIN
1006-4

U Paracelsus-Bad
Video
Zu Ihrer Sicherheit
For your safety
Nichtrauchenzone
No-Smoking Area

Paracelsus-Bad

Die Linie mit dem U-Bahnhof Paracelsus-Bad wurde am 27. April 1987 vom U-Bahnhof Osloer Straße kommend zusammen mit den Stationen Franz-Neumann-Platz und Residenzstraße eröffnet. Der Bahnhof war zunächst Endstation, bevor die Strecke am 29. September 1994 über Lindauer Allee – Karl-Bonhoeffer-Nervenklinik – Rathaus Reinickendorf nach Wittenau verlängert wurde.

Rainer Gerhard Rümmler schuf mit jeder Station ein unverwechselbares Einzelkunstwerk. Dabei war es ihm immer wichtig, dass die Form der Ausgestaltung einen Bezug zur Umgebung und dem Namen der Station hat.

Die Grundsteinlegung für das namensgebende Paracelsus-Bad an der Roedernallee 200–204 erfolgte am 20. Juli 1957. Es wurde auf einem Kleingartengelände errichtet und war der erste Hallenbad-Neubau in Berlin nach dem Ende des Zweiten Weltkrieges. Am 29. Oktober 1960 öffnete das Bad seine Tore. Kaufkraftbereinigt kostete es in heutiger Währung rund 17 Millionen Euro. 1993 kam eine Saunaanlage hinzu.

Das Bad trägt den Namen des Arztes, Alchemisten, Astrologen, Mystikers und Philosophen Philippus Theophratus Aureolus Bombastus von Hohenheim, besser bekannt als Paracelsus. Er wurde Ende 1493 in Einsiedeln in der Schweiz geboren. Vermutlich promovierte er 1516 in Medizin. Der Gelehrte verfasste über 200 medizinische, theologische und philosophische Bücher, die meisten auf Deutsch, einige aber auch auf Latein. Sein bedeutendstes Werk ist wohl die Große Wundartzney, die 1536 in zwei Bänden erschienen. Von ihm stammt die Weisheit »Die Dosis macht das Gift«. Daran hätte er sich halten sollen, denn er erlag am 24. September 1541 in Salzburg vermutlich einer Quecksilbervergiftung. In seinen Knochen konnten moderne gerichtsmedizinische Untersuchungen eine bis zu hundertfach erhöhte Konzentration an unlöslichem Quecksilber nachweisen.

An den beiden Enden des Bahnhofes ist an den Wänden je ein Porträt von Paracelsus angebracht, der sich auf den kugelförmigen Knauf eines großen Schwertes stützt. Posthume Porträts zeigen ihn oft in dieser Pose, denn der Legende nach befanden sich im Knauf selbst fabrizierte Heilmittel.

Durch die Benennung der U-Bahnstation in Paracelsus-Bad lag es auf der Hand, dass die Bahnhofshalle an ein Badehaus erinnern soll. Die Hintergleiswände sind mit weißen Kacheln unterschiedlicher Größe und hervortretenden schwarzen Fugen verkleidet. In regelmäßigen Abständen stellen farbige Fliesen stilisierte Säulen dar. Nach oben werden die Wände durch schwarze und grungelbe Kacheln abgeschlossen.

Eine Besonderheit sind die Bilder an den Tunnelwänden. Sie zeigen Motive von Holzschnitten zum Thema »Baden« aus dem 16. Jahrhundert, der Lebenszeit von Paracelsus. Sein Porträt, wie jedes Bademotiv, besteht aus jeweils 30 quadratischen Kacheln, von einem Rahmen aus schwarzen Kacheln eingefasst. Der schwarze Rahmen hebt sich gut gegen die weißen Kacheln ab. Jedes Bild ist links unten mit einer Beschriftung versehen. Dort steht zum Beispiel »Baden im Aargau nach einem Holzschnitt von Johann Stumpf, Schweizerchronik, Zürich Troschauer 1548« oder »Badestube zu Heilzwecken (Kräuterbadestube) von L. Friesen Strassburg – Eyn new Badebfart – M. Jacob Cammer ca. 1540«. Leider sind einige Beschriftungen inzwischen unleserlich geworden.

U8 Paracelsus-Bad
Paracelsus-Bad
2586

Die Säulen auf dem Mittelbahnsteig sind mit schwarzen und weißen Fliesen verkleidet und ähneln denen in einem Schwimmbad. Die Abschlüsse der Säulen mit gelben Details wirken dabei beinahe wie aus Holz geschnitzt. Die Decke ist mit einem quadratischen Muster aus Holzbalken gestaltet. Dort sind auffallende Lampen wie eckige Tropfsteine im Stil des Art déco angebracht.

Name: Paracelsus-Bad
Eröffnung: 27. April 1987
Namensänderungen: keine
Architekt: Rainer Gerhard Rümmler
Heutige Linie: U8

strasse
SOS

Paulsternstraße

Der Begriff »Paulstern« soll auf den Gastwirt Paul Stern zurück gehen, dessen Gasthaus im frühen 18. Jahrhundert in der Nähe der heutigen Nonnendammallee stand. Auch die Namen »Zum Güldenen Stern«, kurz »Stern« oder »Goldener Stern« sind überliefert. Der Spandauer Magistrat kaufte das eingeschossige Anwesen 1718 an. Es bestand aus fünf Stuben, einer Kammer, einer Küche, einem Keller, einem langen Stall zur Ausspannung der Pferde mit Heu- und Strohboden und einem großen Garten. Da jedoch der Reiseverkehr zwischen Charlottenburg und Spandau später über die neu angelegte und befestigte Berliner Chaussee lief (heute Straßenzug Ruhlebener Straße–Charlottenburger Chaussee–Spandauer Damm), konnte hier kein Gewinn erwirtschaftet werden. Das Lokal wurde 1780 wieder verkauft.

Von 1844 bis 1876 nutzte der Berliner Unternehmer Ernst Schulze den Besitz mit dem angrenzenden Gelände für seine dampfbetriebene Gips- und Sägemühle. Das Anwesen erhielt 1848 die amtliche Bezeichnung »Paulstern« und war später Teil des Gutsbezirks von Haselhorst.

1891 siedelte sich der aus Berlin kommende chemische Betrieb Motard an der Nonnendammallee 32–37 an. Später kamen die Charlottenburger Wasserwerke, die Firma Siemens und 1931 das Kraftwerk West (heute Heizkraftwerk Reuter) in dieser Gegend hinzu. Noch 1992 benannte eine amtliche topografische Karte das Motard-Gelände mit der Ortsbezeichung »Paulstern«.

Die Paulsternstraße hieß bis zum 13. Mai 1929 Schwarzer Weg. Um 1890 hatte der Militär-Fiskus zu beiden Seiten der heutigen Straße einen Exerzierplatz der Preußischen Armee angelegt. Später war die Paulsternstraße bis Ende der 1970er-Jahre von weitläufigen Schrebergartenkolonien gesäumt. Entsprechend ihrer früheren Nutzung lagen im nordöstlichen Teil die Kleingartenkolonien Alter und Neuer Exerzierplatz, am südwestlichen Ende der Straße die Kleingartenkolonie Paulstern.

Die meisten Gärten sind längst verschwunden und bebaut. Am 1. Oktober 1984 ging das letzte Teilstück der U-Bahnstrecke Rohrdamm–Rathaus Spandau mit dem U-Bahnhof Paulsternstraße in Betrieb. Rümmler orientierte sich bei der Gestaltung des Bahnhofes an der Geschichte des Ortes. Hier gab es einst das Große Rohrbruch, ein Niederungsgebiet am ehemaligen Spree-Verlauf und einen ausgedehnten Kiefernwald. Südöstlich von Paulstern gab es die historische Gemarkungsbezeichnung Sternfeld. Daraus filterte der Architekt Begriffe wie Stern, Luchlandschaft, Bäume und Blumen. Die Mittelstützen des Bahnhofs verkleidete er mit Emailleplatten, die Baumstamm-Muster tragen. Die stilisierten Baumkronen sind halbkreisförmig aufgefächert. Die Symbolik der vielen dünnen Rohre, die schnurgerade von Baumkrone zu Baumkrone verlaufen, erschließt sich dem Betrachter allerdings nicht.

Die Sockel der Wände zeigen eine Art Luchlandschaft mit Schilf, Gras und Blüten. Gewollt oder ungewollt – sicher auch eine Reminiszenz an Hunderte von Schrebergärten, die es hier dereinst gab. Die dunkle Färbung der Kacheln macht deutlich, dass es in dieser Szenerie Nacht sein soll. Am Himmel bzw. an der Decke prangen etliche aufgemalte gezackte Sterne. Das weckt Assoziationen zum legendären Paul Stern und seinem Gasthof »Zum Güldenen Stern«, womit sich der Kreis schließt.

Nach einer anderen Interpretation sind die Sterne Nachtfalter, die um die Lampen schwirren.

Kritiker der Rümmlerschen Ausschmückung der Bahnhöfe bemängeln, dass diese zu prunkvoll und zu bunt für einen Funktionsbau sei. Allerdings hat Rümmler nicht alle Bahnhöfe der U7 so aufwendig ausgeschmückt. Im Bahnhof Halemweg, drei Stationen entfernt, ließ er die Wände eher sachlich und spartanisch nur mit orangefarbenen Paneelen verkleiden. Der Bahnhof wurde deswegen im März 2017 auch nicht in die Denkmalliste aufgenommen, im Gegensatz zu den nachfolgenden sieben Stationen aus den 1980er-Jahren auf dem Streckenabschnitt der U7 zwischen Siemensdamm und Rathaus Spandau.

Name: Paulsternstraße
Eröffnung: 1. Oktober 1984
Namensänderungen: keine
Architekt: Rainer Gerhard Rümmler
Heutige Linie: U7

Paulsternstrasse

U
Rathaus Schöneberg
U
U4

Rathaus Schöneberg

Von 1898 bis 1920 war der einstige Berliner Vorort Schöneberg eine selbstständige Stadt, die im Jahre 1900 bereits 96.000 Einwohner zählte. Um das Stadtgebiet optimal zu erschließen, wollten die Schöneberger Stadtväter seit 1903 auch eine U-Bahn. Sie sollte vom → Nollendorfplatz zum Innsbrucker Platz verlaufen und fünf Bahnhöfe umfassen. Da die Berliner Hochbahngesellschaft an der kurzen Strecke kein Interesse hatte, entschied die Stadt Schöneberg am 7. September 1908, die 2,9 Kilometer lange Strecke selbst zu bauen. Gesagt, getan: Nur einen Tag später begannen die Arbeiten. Die Schöneberger Untergrundbahn gilt als erste kommunale U-Bahnlinie Deutschlands. Gebaut wurde in offener Bauweise, sodass der Tunnel direkt unter der Straße liegt. Mit dem Bau und der Ausstattung wurde die Firma Siemens & Halske beauftragt, die ja auch die Berliner Hoch- und Untergrundbahn gebaut hatte. So bekam der Tunnel identische Abmessungen.

Ein Problem bei der Streckenführung wandelten die Schöneberger in einen Vorteil um: Es galt, eine eiszeitliche Schmelzwasserinne überwinden. Sie ist heute durch Überbauung nicht mehr vollständig vorhanden. Aber die westliche Verlängerung findet man heute noch im Volkspark Wilmersdorf, in den Seen der Grunewalder Villenkolonie und der Seenkette im Grunewald. In Schöneberg machte der nicht tragfähige Boden den Bau eines unterirdischen Bahnhofs an dieser Stelle unmöglich, weil der bis zu 30 Meter tiefe saure Moorboden den Beton mit der Zeit zerstört hätte und das Bauwerk womöglich abgesackt wäre. Nach Plänen des KaDeWe-Architekten Emil Schaudt fand man eine elegante Lösung: Der nicht tief liegende Tunnel sollte die Talung einfach oberirdisch durchqueren. Dazu mussten Spundwände und Betonpfähle 70 Meter tief eingerammt werden. Auf den stabilisierten Boden kam eine Klinkerschicht, darauf zwei Asphaltpappschichten und dann Beton, darauf kam wiederum eine Eisenbetonplatte. Auf diesem Fundament entstand der Bahnhof. Er hat zu beiden Seiten Fenster wie bei einer Orangerie, mit Blick auf Teich und Park, und ist seit jeher eine beliebte Fotokulisse. Die morastige Senke hatte man mit 850.000 Kubikmetern Bodenaushub aufgeschüttet, der beim Tunnelbau angefallen war.

Mithilfe von 500 Arbeitern entstand auf dem Gelände ein Stadtpark nach einer Kombination der Entwürfe der Gartenarchitekten Otto Kruepper und Fritz Encke. Daher hieß der Bahnhof zunächst auch Stadtpark. Einen unterirdischen U-Bahnhof mit Fenstern gibt es in Berlin sonst nur noch bei der Station → Spittelmarkt.

U-Bahnstation Stadtpark (heute Rathaus Schöneberg) um 1910

Gewissermaßen auf dem Dach des Bahnhofes befindet sich im Zuge der Innsbrucker Straße die Carl-Zuckmayer-Brücke. Der Schriftsteller wohnte von 1928 bis 1933 in der nahen Fritz-Elsas-Straße 18, das Haus existiert aber nicht mehr. Die acht Schmuckvasen und vier Figurengruppen auf der Brücke wurden um 1910 von Richard Guhr geschaffen. Dargestellt ist, wie Tritonen (Mischwesen aus Mensch und Fisch) auf ihrem Rücken Nymphen über das Wasser tragen.

Auf der anderen Seite ist der Goldene Hirsch aus dem Jahre 1912 zu sehen. Das Schöneberger Wappentier steht auf einer 8,80 Meter hohen Säule inmitten einer Brunnenanlage und ist ein Werk des Bildhauers August Gaul. Seit 1963 trägt der Park den Namen des ehemaligen Schöneberger Bürgermeisters Rudolph Wilde.

Die Schöneberger U-Bahn wurde 1926 an Hochbahngesellschaft verkauft.

Der Bahnhof wurde im Zweiten Weltkrieg komplett zerstört, vereinfacht wieder aufgebaut und am 15. Mai 1951 wiedereröffnet. In diesem Zusammenhang wurde die Bezeichnung in Rathaus Schöneberg geändert.

Das nahe gelegene Rathaus war 1914 fertig geworden. Nach der politischen Teilung der Stadt tagte im Bürgersaal von 1949 bis 1993 das West-Berliner Abgeordnetenhaus. Außerdem befanden sich hier die Amtsräume des Regierenden Bürgermeisters. Der U-Bahnhof wurde im Jahre 2002 nach historischem Vorbild restauriert.

Name: Rathaus Schöneberg
Eröffnung: 1. Dezember 1910
Namensänderungen: bis 1951 Stadtpark
Architekt: Emil Schaudt
Heutige Linie: U4

Innsbrucker Platz
01
BERLIN
604
604
Rathaus Schöne
Rathaus Schöneberg

Linie
Ziel
Abfahrt
U7
Rudow
6'
16'
Gleis 1

Rathaus Spandau

82 Jahre nach Eröffnung der Berliner U-Bahn und 64 Jahre nach der Zugehörigkeit zur Stadt Berlin erhielt auch Spandau seinen U-Bahnanschluss. Vorläufiger Endpunkt war das Rathaus Spandau, das am 15. September 1913 eröffnet worden war. Der Tunnel wurde teils mit einer Schildvortriebsmaschine gebaut, teils mit Senkkästen. Bei diesem Verfahren werden die Tunnelabschnitte oberirdisch hergestellt und durch Wasserunterspülungen langsam bis zur gewünschten Tiefe abgesenkt. Beim Graben durch die Altstadt wurden einige Gebäude abgerissen, andere unterfahren. Dabei bekam das Haus Havelstraße 17 A im September 1979 Risse und musste von den Bewohnern geräumt werden.

Der monumentale Bahnhof fällt durch seine ungewöhnliche Raumhöhe auf. Er hat zwei Mittelbahnsteige und vier Gleise, von denen nur die inneren befahren werden. Die äußeren Gleisströge sind leer, haben also weder Schienen noch Schottersteine. Hier soll(t)en dereinst Züge der U7 weiter bis Falkenhagener Feld und Züge der U2 über eine Verlängerung von Ruhleben bis Staaken fahren. Gestaltete Gitter auf den Bahnsteigen sperren den Zugang zu den toten Gleisen. Von den Decken hängen Leuchten, die an elegant geschwungenen metallischen Streben befestigt sind und von oben in den Raum hineinragen. Noch imposanter sind die tragenden, wuchtigen Säulen aus schwarzem, glänzenden Labrador-Granit. Charakteristisch für dieses grobkörnige, blau-graue Gestein ist der intensive, wechselnde Schimmer der eingeschlossenen Kristalle bei Lichteinfall. Weiter oben zieren sie goldene Ornamente und smaragdgrüne Flächen, bevor sie in der Form eines eckigen Trichters ausfächern. Gerade diese Formen erinnern an eine prachtvolle Kirche.

Der Boden ist mit einem Muster aus hellen und dunklen Kacheln gefliest, die Wände halbhoch etwas einfallslos mit weißen Kacheln verkleidet. Während einige Berliner U-Bahnhöfe eine aufwendige, fantasievolle Deckengestaltung aufweisen (zum Beispiel → Heidelberger Platz, → Paulsternstraße, → Museumsinsel), ist sie hier schlicht und langweilig. Sind am Ende Geld oder Ideen ausgegangen?

Jedenfalls wurde die Inbetriebnahme der Strecke und des Bahnhofes am Montag, den 1. Oktober 1984 mit einem riesigen Volksfest gefeiert. Zehntausende labten sich an Freibier und Erbsensuppe. Der Tagesspiegel meldete unter der Überschrift »Spandau an das Berliner U-Bahnnetz angeschlossen« am 2. Oktober 1984: »Zu den Eröffnungsgästen der 4,6 Kilometer langen Verlängerung der U-Bahnlinie 7 vom Rohrdamm bis zum Rathaus Spandau gehörte am Nachmittag auch Bundeskanzler Helmut Kohl, der sich die Strecke mit den neuen Bahnhöfen zeigen ließ, die insgesamt 680 Millionen DM gekostet hat. Der Parlamentarische Staatssekretär im Bundesverkehrsministerium, Schulte, sicherte bei der Eröffnungsfeier zu, daß Berlin weiter jährlich 160 Millionen DM für dem Ausbau von S- und U-Bahn aus dem Bundeshaushalt bekommt. … Die Arbeiten für den neuen Streckenabschnitt nach Spandau hatten 1977 begonnen. Erste Pläne, Spandau an das Schnellbahnnetz anzuschließen, waren dagegen bereits seit 1905 in Diskussion. … Die neue Strecke war zuvor mit der Sonderfahrt zweier Züge, die nebeneinander fuhren, eröffnet worden. 1.400 geladene Gäste saßen in den Zügen, darunter neben dem Regierenden Bürgermeister (Eberhard Diepgen/Anm.) auch der Spitzenkandidat der Sozialdemokraten bei den Wahlen zum Abge-

ordnetenhaus, Apel, sowie die ehemaligen Regierenden Bürgermeister Schütz und Stobbe, in deren Amtszeiten die U-Bahnbau nach Spandau vorangetrieben worden war.«

Die U7 umfasst nun 40 Bahnhöfe und ist fast 33 Kilometer lang. 2017 wurde der U-Bahnhof Rathaus Spandau – zusammen mit sechs weiteren der nördlichen U7 – unter Denkmalschutz gestellt.

Heute gibt es hier im Bahnhof Spandau der Deutschen Bahn, der zwischen 1997 und 2006 nach und nach in Betrieb ging, Umsteigemöglichkeiten zur S-Bahn sowie zur Regional- und Fernbahn.

Name: Rathaus Spandau
Eröffnung: 1. Oktober 1984
Namensänderungen: keine
Architekt: Rainer Gerhard Rümmler
Heutige Linie: U7

U7 Rudow
← U7 Rudow
Rathaus Spandau
BERLIN
2794

U8
►Hermannstraße
Residenzstraße
← Ausgang
Lindauer Allee
BUS →
Ausgang →
Emmentaler Str.
Residenzstras

Residenzstraße

Der U-Bahnhof Residenzstraße wurde am 27. April 1987 vom U-Bahnhof Osloer Straße kommend zusammen mit den Stationen Franz-Neumann-Platz und → Paracelsusbad eröffnet. Von dort ist die Strecke am 29. September 1994 über Lindauer Allee – Karl-Bonhoeffer-Nervenklinik – Rathaus Reinickendorf nach Wittenau verlängert worden.

Die ehemalige Reinickendorfer Chaussee erhielt in den 1870er-Jahren den Namen Residenzstraße, weil die Straße auf die Residenz Berlin zuführt. Mit der Fertigstellung des ersten Schlosses auf der Cöllner Spreeinsel 1451 war Berlin Residenz geworden.

Von diesem Bau, der zunächst keine dauerhaft genutzte Residenz war, gibt es keine bildlichen Überlieferungen. Ein Jahrhundert später bauten die Hofbaumeister Caspar Theiss und Kunz Buntschuh den Ursprungsbau in ein prächtiges Renaissanceschloss um. Es wurde zum Zentrum der Hof- und Landesverwaltung und Mittelpunkt des gesellschaftlichen Lebens.

Andreas Schlüter baute das Schloss um 1700 zur einer großartigen Barockresidenz aus. Als er in Ungnade fiel, wurde Johann Eosander von Göthe Schlossbaumeister. Er verdoppelte die Größe des Schlosses mit einem Erweiterungsbau nach Westen, dessen Mittelpunkt das nach ihm benannte Eosanderportal war. Die darüber thronende Kuppel entstand aber erst zwischen 1845 und 1853.

Das kriegsbeschädigte Schloss wurde 1950 gesprengt. Ein möglicher Wiederaufbau war politisch nicht gewollt. Zunächst trat an seine Stelle der 1976 eröffnete Palast der Republik. Er wurde 2006 wieder abgerissen. 2021 eröffnete am selben Ort das Humboldt Forum mit der kopierten Fassade des Stadtschlosses, der Berliner Residenz.

Der U-Bahnhof wurde nach der Straße benannt, unter der er liegt. Rümmler legte stets Wert darauf, dass die Form der Ausgestaltung einen Bezug zur Umgebung und dem Namen der Station hat. Hier visualisierte er die Berliner Residenz in mehrfacher Weise: Die teppichartigen Fußbodenornamente sowie die bunt verkleideten Stützen mit glänzendem Halbrund oben und vergoldet wirkenden Kapitellen sollen an das Berliner Schloss, die Residenz, erinnern. Die 19 in Ziegel gemauerten Pfeiler sehen so aus, als seien sie an allen vier Seiten mit Keramikkacheln geschmückt, wobei alle durchgängig das gleiche Muster haben. Doch wer mit dem Finger dagegen klopft, hört es blechern scheppern …

SOS
SOS
Wittenau
05
BERLIN
2524

Die Wände sind im Farbton vergilbten Papiers gehalten. Darauf sind in Schwarz gezeichnete Stadtansichten aus dem 17. und 18. Jahrhundert zu sehen. In chronologischer Reihenfolge sind dies: ältester Plan von Berlin-Cölln um 1650, Berliner Stadtschloss um 1690, Vogelschau auf das Schloss um 1690, Gegend um das Rosenthaler Tor um 1690, Gegend um das Spandauer Tor 1737, Grundriss Berlin-Cölln 1737, Gesamtansicht von Westen um 1737, Stadtschloss um 1740.

Dazwischen stehen mehrmals je zwei weiß gezeichnete, antike weibliche Statuen mit Tunika, wie die beschädigten Originale ohne Arme. Sie wurden in der Antike entweder mutwillig abgehackt oder sind durch Materialermüdung von selbst abgebrochen. Repliken entstanden später auch armlos.

Die Decke gliedert sich in große Quadrate mit halbkugelförmigen Lampen. Sie sollen denen von Residenzsälen nachempfunden sein.

Bei ihrer Entstehung wurden Rümmlers knallig bunte Bahnhofsgestaltungen als West-Berliner Protz und kindischer Kitsch kritisiert. Erst mit zeitlichem Abstand erkennt man heute ihren bauhistorischen Wert.

Nördlich vom U-Bahnhof Residenzstraße macht der Tunnel eine Kurve nach Westen in die Lindauer Allee. Dabei musste man um 1982 beim Bau der Strecke sieben Wohnhäuser vorübergehend auf Stelzen stellen, die zukünftig von der U8 unterfahren werden sollten. Später standen die Häuser auf einer Bodenplatte, die der U-Bahn gleichzeitig als Tunneldecke dient. Beim Aushub stieß man damals in einer Tiefe von 14 bis 40 Metern auf einige Braunkohle-Flöze, deren Vermarktung bei den geringen Mengen natürlich unrentabel gewesen wäre.

Name: Residenzstraße
Eröffnung: 27. April 1987
Namensänderungen: keine
Architekt: Rainer Gerhard Rümmler
Heutige Linie: U8

U
Richard-Wagner-Platz

Richard-Wagner-Platz

Am 14. Mai 1906 wurde die Linie vom Knie (heute Ernst-Reuter-Platz) über Bismarckstraße (heute Deutsche Oper) unter der heutigen Richard-Wagner-Straße bis Wilhelmplatz (heute Richard-Wagner-Platz) verlängert. Da die Strecke von Anfang an Richtung Reichskanzlerplatz (heute Theodor-Heuss-Platz) weitergeführt werden sollte, hat der U-Bahnhof Deutsche Oper bis heute vier Gleise. Von hier aus knickte die Streckenführung in einer engen Kurve nach Norden ab. Ziel war es, dem am 20. Mai 1905 eröffneten Rathaus Charlottenburg einen U-Bahnanschluss zu gönnen. Es steht nahe am damaligen Wilhelmplatz, benannt nach König Friedrich Wilhelm I. Folglich hieß auch der U-Bahnhof so. Grenander entwarf einen Kopfbahnhof mit drei Gleisen, einem Mittel- und einem Seitenbahnsteig sowie einem vorgelagerten Kopfbahnsteig nebst Vorhalle. Die Wände waren mit weißen Fliesen verkleidet.

Im Dezember 1934 bekam der Wilhelmplatz den Namen des Komponisten opulenter Opern. Als Antisemit und Musikdramatiker, der sich in seinen Werken glorifizierender germanischer Mystik bediente, passte Wagner gut in die Weltanschauung der Nationalsozialisten. Seit dem 1. Februar 1935 hieß auch der Bahnhof Richard-Wagner-Platz. Die 700 Meter lange Stummelstrecke bekam 1966 noch die Bezeichnung Linie 5, bevor sie am 2. Mai 1970 schließlich eingestellt wurde. Der Bahnhof wurde 1974 abgerissen, doch war seine Reinkarnation vorgesehen. Nur der teils stein-, teils gitterumwehrte Zugang an der Ecke zur Otto-Suhr-Allee ist ein Überbleibsel des alten Bahnhofes.

Die U-Bahnlinie 7, die sich in vielen Windungen durch die Stadt schlängelt, sollte sich im Zuge der Ost-West-Achse am neuen Bahnhof Bismarckstraße mit der U2 kreuzen. Um den ganz neuen Bahnhof Richard-Wagner-Platz zu erreichen, musste die Neubaustrecke den Straßenblock Wilmersdorfer Straße – Richard-Wagner-Straße – Zillestraße – Thrasoltstraße diagonal unterfahren. Die Strecke wurde am 28. April 1978 vom → Fehrbelliner Platz kommend in Betrieb genommen. Die Station Richard-Wagner-Platz war bis zum 1. Oktober 1980 Endstation, bevor die Linie bis zum → Rohrdamm verlängert wurde. Die Wände und die breiten Säulen des Mittelbahnsteiges sind mit gelben und dunkelblauen Kacheln verkleidet. An den Tunnel-

wänden findet sich eine aus dunklen Kacheln bestehende wiederkehrende geometrische Figur, deren untere »Beine« gespreizt sind. In der Mitte dieser Figuren finden sich Szenenbilder aus Wagner-Opern. Genau gegenüber den Szenenbildern ist an den Säulen auf einem kleinen Schild erklärt, um welche Oper bzw. Opernfigur es sich handelt: Rienzi, Die Meistersinger von Nürnberg, Walther von Stolzing, Lohengrin, Götterdämmerung, Die Walküre, Das Rheingold, Siegfried, Tannhäuser, Tristan und Isolde und Der fliegende Holländer.

In der südlichen Verteilerhalle sind die römisch-deutschen Kaiser Otto I. († 973) und Heinrich II. († 1024) als Mosaike im byzantinischen Stil abgebildet.

Die acht Mosaike in der nördlichen Verteilerhalle stellen berühmte Minnesänger dar, darunter Walther von der Vogelweide (ganz rechts), Tannhäuser und Wolfram von Eschenbach. Sie stammen aus dem 1926 eröffneten Vergnügungsetablissement und Hotel Alt-Bayern in der Potsdamer Straße 10/11, später Nr. 24. Die von der Firma Johann Odorico gefertigten Glasmosaiken hingen dort einst an der Decke im Minnesängersaal.

Sie waren innerhalb einer Kuppel kreisförmig so angeordnet, dass alle Köpfe zur Mitte zeigten, wo ein großer Kronleuchter hing. Das Gebäude, das westlich der heutigen Ludwig-Beck-Straße gestanden hat, wurde 1975 als Ruine gesprengt. Das Minnesängermosaik jedoch wurde vorher gerettet und hier wieder eingebaut. So macht Rümmler hier quasi ein Bildungsangebot.

Ende 2018 wurde der Bahnhof zusammen mit zwölf weiteren Stationen als Zeitzeuge für den West-Berliner U-Bahnbau der 1960er- und 1970er-Jahre unter Denkmalschutz gestellt.

Name: Richard-Wagner-Platz
Eröffnung: 14. Mai 1906 / 28.April 1978
Namensänderungen: bis 30. Januar 1935 Wilhelmplatz
Architekt: Rainer Gerhard Rümmler
Heutige Linie: U7

BE THE
MEISTER
Richard-Wagner-
Platz
U7 Rathaus Spandau
2910

U7 Rudow
23
BERLIN
2807

Rohrdamm

Der U-Bahnhof Rohrdamm war bis zum 1. Oktober 1984 westlicher Endpunkt der U7. Zwischen den Stationen Siemensdamm und Haselhorst verläuft der U-Bahntunnel unter der Nonnendammallee. Die namensgebenden Nonnen lebten im 1239 gestifteten Benediktinerinnen-Kloster St. Marien. Es stand knapp südlich der Spandauer Altstadt. Von hier aus führte ein Knüppeldamm zu den umfangreichen Besitzungen des Klosters wie zum Beispiel der Jungfernheide (daher der Name!). Nach Einführung der Reformation 1539 ging das Kloster langsam ein, die Gebäude wurden 1626 abgerissen. Der Damm blieb jedoch erhalten. Mit dem Bau der großen Werksanlagen von Siemens ab 1898 war die Straße wesentlicher Bestandteil der neu entstandenen Siemensstadt. Sie wurde zwischen 1906 und 1913 auf eine Breite von 49 Metern ausgebaut und am 2. April 1914 von Nonnendamm in Nonnendammallee umbenannt.

Zwischen der Spree und der Nonnendammallee ist 1896/97 ein Wasserwerk in Betrieb genommen worden, das später Wasserwerk Jungfernheide hieß. Seit September 2001 ist es vorläufig stillgelegt. Das Wasser kam über Druckrohre aus den Tiefbrunnen am Tegeler See, wurde hier aufbereitet und ins Leitungsnetz eingespeist. Im Zuge dieser Rohrleitungen entstand 1904 der heutige Rohrdamm.

Der U-Bahnhof Rohrdamm wurde im Zuge der Nonnendammallee zwischen der Siemens-Hauptverwaltung und dem Siemens-Dynamowerk positioniert. Dieser Standort findet sich in der technikbezogenen Gestaltung des unterirdischen Bahnhofes wieder. Die Wände sind mit Rädern, Kolben und geometrischen Linien überdeckt, als befände man sich im Inneren einer gewaltigen Maschine. Die Linien werden gelegentlich als Zangen und Zirkel interpretiert. Die Stützpfeiler auf dem Mittelbahnsteig sind mit silber-grauem Metall umhüllt.

Auf der Nonnendammallee fuhr seit dem 16. März 1908 eine von Siemens betriebene Industriebahn. Einige in der Nähe liegenden Industriebetriebe anderer Firmen schlossen sich später mit einem Gleis dem Güterbahnnetz an. Mit zunehmendem Autoverkehr verliefen die Schienen auf einem Mittelstreifen, mussten aber im Zusammenhang mit dem U-Bahnbau stellenweise verlegt werden. In den 1970er-/80er-Jahren nahm der Güterverkehr mehr und mehr ab, zumal etliche Betriebe ihr Industriegleis nicht mehr nutzten. Um die Jahrtausendwende wurde der Verkehr völlig eingestellt. Der Mittelstreifen wird heute teilweise als Parkplatz benutzt. Reste der Bahnanlagen sind noch westlich der Einmündung der Paulsternstraße zu sehen.

Nördlich des U-Bahnhofes (Nonnendammallee 101) steht das 1910–13 erbaute viergeschossige Gebäude der Siemens-Hauptverwaltung. Es wurde 1922 und 1929/30 in zwei Bauabschnitten nach Norden erweitert. Die vielflügelige Anlage weist mehrere Innenhöfe auf. Über einen Ehrenhof gelangt man von der Nonnendammallee zum Haupteingang. Die hier ursprünglich vorhandene Säulenhalle wurde Ende der 1950er-Jahre abgetragen und durch ein leichtes Glasdach ersetzt. Der monumentale Eingang am Ostflügel war der Direktion und Gästen vorbehalten. Der hohe Dreiecksgiebel betont den vorspringenden Bauteil, der von pfeilerartigen Formelementen (Pilastern) gegliedert ist. Im ersten Obergeschoss blieb der repräsentative Sitzungssaal des Vorstands mit eicherner Wandtäfelung, Pilastern, Säulen und Kassettendecke erhalten.

An der Ecke zum Rohrdamm steht das 24 x 28 Meter große Siemens-Ehrenmal. Es ist weithin sichtbar durch einen Adler aus Kupferblech, der auf einer 16 Meter hohen Stele steht. Die leicht abgesenkte Anlage wurde am 5. August 1934 eingeweiht und erinnert an 2.989 Siemens-Mitarbeiter, die im Ersten Weltkrieg gefallen sind. Ihre Namen stehen alphabetisch sortiert an drei Wänden des Hofes auf 118 gusseisernen Platten. 1970 wurde die Anlage um die Siemens-Mitarbeiter ergänzt, die im Zweiten Weltkrieg ihr Leben verloren.

Der U-Bahnhof Rohrdamm steht seit März 2017 – zusammen mit sechs weiteren der westlichen Linie U7 – unter Denkmalschutz.

Name: Rohrdamm
Eröffnung: 1. Oktober 1980
Namensänderungen: keine
Architekt: Rainer Gerhard Rümmler
Heutige Linie: U7

U7 Rudow
Rohrdamm
2807
BERLIN
H

U
Rotes Rathaus

Rotes Rathaus

Das 1861–71 errichtete Berliner Rathaus wird wegen seiner roten Ziegelfassade auch Rotes Rathaus genannt. Direkt davor befand sich der mittelalterliche Vorgängerbau, dessen Kellergeschoss bei Bauarbeiten für die Verlängerung der U5 ans Licht kamen. Teile davon hat das Landesdenkmalamt Berlin geborgen. Das eigentlich vorgesehene Archäologische Fenster, das den Blick in die Tuchhalle und das erhaltene Kellergewölbe ermöglichen sollte, wurde leider nicht verwirklicht.

Der Lückenschluss der U5 zwischen → Brandenburger Tor und Alexanderplatz ist 2,2 Kilometer lang. Dazu gehören die 600 Meter Tunnel am östlichen Ende, die bereits seit 1930 als Aufstell- und Kehranlage vorhanden waren. Während der Tunnelabschnitt unter der Straße Unter den Linden mit einer Tunnelvortriebsmaschine unterirdisch ausgehöhlt wurde, errichtete man die Baugrube für den U Bahnhof Rotes Rathaus in einer sogenannten Wand-Sohle-Deckel-Bauweise. Wie der Name schon vermuten lässt, wurden zuerst bis in 30 Meter Tiefe seitliche Wände aus Stahlbeton hergestellt. Anschließend entstand mittels Düsenstrahlverfahren eine wasserdichte Sohle als untere Baugrubenabgrenzung. Die Köpfe der tragenden Stützen betonierte man zunächst im Erdreich, bevor zum Schluss die Deckenplatte darüber gegossen wurde. Darunter wurde das Erdreich aus der allseits ummantelten Baugrube ausgehoben, sodass die Stützenköpfe zunächst an der Decke hingen und erst im Anschluss ihre Säulen darunter erhielten. Diese sieben lasttragenden Säulen stehen in der Mitte des Bahnhofes mit zwei 120 Meter langen Seitenbahnsteigen. Die mächtigen oberen Kapitelle – Wahrzeichen des Bahnhofes – sammeln die Kräfte des darüber lagernden Gewichtes des Bahnhofsdeckels. Auf den ersten Blick scheinen sie kreisförmig zu sein. Tatsächlich aber sind sie elliptisch, als würden sie vom Tempo der U-Bahnen mitgerissen. Die Stützenköpfe wirken mit ihrer Trichterform wie Pilze und erinnern an das wiederentdeckte Deckengewölbe des mittelalterlichen Berliner Rathauses. Dessen Fund inspirierte den Architekten Oliver Collignin nach eigener Aussage zur Form dieser schlanken Pfeiler. Sie lassen die kathedralenartig hohe, 40 Meter breite Bahnhofshalle großzügig und übersichtlich erscheinen, die man durch schräggestellte Glasflächen in der Zwischenebene gut überblicken kann.

Der Rohbau des U-Bahnhofes Rotes Rathaus wurde 2016 abgeschlossen. Er verfügt über zwei Ebenen. In der unteren wurde eine Kehr- und Aufstellanlage eingerichtet, in der oberen befinden sich die Bahnsteige.

Die Bahnhofshalle präsentiert sich in einem Kontrast aus weißer Säulenarchitektur, während der Boden in weißen und die Wände in schwarzen Terrazzoplatten gestaltet sind. Terrazzo ist ein künstlicher mineralischer Werkstoff, der aus einem Bindemittel wie gebranntem Kalk oder Zement und Zuschlägen aus Gesteins- oder Ziegelsplitt besteht. Die Beton und Naturstein Babelsberg GmbH fertigte die mit drei Zentimetern besonders dünnen und oft gekrümmten Betonbauteile, die im Kern ein Gelege aus nichtrostendem Glasfaserverbund haben. Sie sind wesentlich leichter als die üblichen Fertigteile aus Stahlbeton. Das ist wesentlich im Hinblick auf turnusmäßige TÜV-Überprüfungen des Tunnels, bei der Platten abgenommen werden müssen. Da der Bahnhof jedoch ein leichtes Gefälle hat und zudem leicht gekrümmt ist, musste über die Hälf-

te der mehr als 6.000 Platten als Einzelstücke hergestellt werden, da sie individuelle Krümmungen haben. Daher konnten pro Arbeitstag nur etwa 20 Teile, vorwiegend in Handarbeit, produziert werden, was Bearbeitungen wie unter anderem Schneiden, Fräsen, Schleifen und Polieren umfasst. Je nach Eintrag von farbigem Steinzuschlag wie zum Beispiel schwarzem Marmorkies oder Gesteinskörnung Carrara ergeben sich schwarze bzw. weiße Platten. Bis auf das Standardmobiliar der BVG (Fahrkartenautomaten, Schautafel usw.) hat man auf Werbetafeln verzichtet.

Name: Rotes Rathaus
Eröffnung: 4. Dezember 2020
Namensänderungen: keine
Architekt: Berliner Büro Oliver Collignon
Heutige Linie: U5

A WC
Spandauer Str.
Schloßplatz
200, 300
B C
Grunerstr.
Alexanderplatz

U
U-Bhf Rüdesheimer Platz

Rüdesheimer Platz

Zu Beginn des 20. Jahrhunderts plante die Stadt Wilmersdorf zwischen Laubacher und Mecklenburgischer Straße bzw. zwischen Heidelberger und Breitenbachplatz ein neues Stadtquartier. Später nannte man es Rheingauviertel, weil die Straßen und Plätze überwiegend nach Städten in und um den Rheingau in Hessen benannt wurden. Zwischen 1910 und 1914 entstanden viergeschossige Mietshäuser in Blockrandbebauung mit 478 Wohnungen für den Mittelstand. Sie waren durchweg mit Strom, Gas, Bad und Warmwasser ausgestattet. Die Häuser wiesen verschiedene Stilelemente des englischen Landhausbaus auf, wie Erker, Loggien, Sprossenfenster und anderes mehr. Ein besonderes Merkmal der Siedlung sind die leicht ansteigenden Rasenflächen vor den Häusern in einigen Straßen. Zentrum des Viertels ist der tiefergelegte Rüdesheimer Platz. Hier entstand zeitgleich der gleichnamige U-Bahnhof der neuen Wilmersdorf-Dahlemer-Linie (→ Wittenbergplatz–Thielplatz), die am Sonntag, den 12. Oktober 1913 unter lebhafter Nutzung vieler Neugieriger in Betrieb ging. Architekt war Wilhelm Leitgebel, der auch die beiden Nachbarbahnhöfe Breitenbachplatz und → Heidelberger Platz entworfen hatte. Er positionierte die beiden Zugänge auf der Mittelinsel der Rüdesheimer Straße und gestaltete sie mit steinernen Treppenumwehrungen. Darauf stehen rechts und der links der Treppe zwei Pfeiler, bekrönt von je einer Lampe. Die eisernen Zugangstore, die in der Betriebspause geschlossen werden, gestaltete er mit Andreaskreuzen und am südlichen Tor zusätzlich mit Weinlaub sowie Weintrauben. Motive des Weinanbaus finden sich auch im Bahnhof. Achteckige Granitpfeiler in der Bahnsteigmitte tragen eine kassettenförmige Decke. In jeder Kassette leuchtet eine fast kugelförmige Lampe, die abwechselnd kreisförmig und eckig von farbigen Mosaiken mit Weinmotiven umgeben ist. In jeder der vier Ecken der Kassetten sind kleine Mosaike geflügelter Insekten angebracht.

An den Bahnsteigwänden wechseln sich je eine halbrunde und zwei flache Nischen ab. Während die flachen Nischen früher für Werbeflächen vorgesehen waren, hängen dort heute Fotos mit Weinbaumotiven. In den halbrunden Nischen findet

sich der Stationsname, zusammengesetzt aus kleinteiligem Mosaik.

Für die an den Pilastern angebrachten, kleinen rechteckigen Tierplastiken aus Keramik (Weinlaub, Trauben, Kriechtiere und Insekten: alles zum Thema »Leben in einem Weinberg«) war der Künstler Martin Meyer-Pyritz verantwortlich. Diese Motive sollen der Station im Volksmund den Namen »Warzenbahnhof« eingetragen haben. Die etwas größeren Keramikfliesen am oberen Teil der Wände zeigen Grimassen schneidende Weingeister und Weintrauben. Dennoch dürften die Details der dunklen Schmuckelemente früher angesichts der damaligen schwachen Beleuchtung kaum zu erkennen gewesen sein. Daran hat sich bis heute wenig geändert.

Der Bahnhof erlitt im Zweiten Weltkrieg schwere Schäden, wobei vor allem die Eingänge betroffen waren. Nach einem vereinfachten Wiederaufbau versetzte die BVG den Bahnhof bei einer Grundsanierung 1987–88 größtenteils wieder in den Ursprungszustand.

In Höhe des Bahnhofes prägt der monumentale Siegfried-Brunnen den Rüdesheimer Platz. Er wurde 1911 von Emil

Cauer geschaffen. Überlebensgroßen Sandsteinfiguren zeigen in der Mitte Siegfried mit Pferd, flankiert von Figuren der Weinkönigin und Mutter Mosel rechts und Vater Rhein links. Aus neun Öffnungen sprudelt Wasser.

Bedingt durch den Ersten Weltkrieg konnten im ursprünglich viel größer geplanten Rheingauviertel nicht alle Vorhaben verwirklicht werden. Teures Bauland wurde 1923 in Schrebergärten verwandelt. Aber das Rheingauviertel war später Vorbild für viele ähnliche Siedlungen der 1920er-Jahre und zählt heute zu den architektonisch bedeutensten Wohngebieten Berlins, dessen Bewohner gern hier leben. Und vom eleganten Untergrundbanhof gelangt man seit über einem Jahrhundert schnell in die Innenstadt.

Name: Rüdesheimer Platz
Eröffnung: 12. Oktober 1913
Namensänderungen: keine
Architekt: Wilhelm Leitgebel
Heutige Linie: U3

U

Schlesisches Tor

Der Hochbahnhof Schlesisches Tor gehört zur Trasse der ersten Berliner Hoch- und Untergrund-Bahnlinie, die am 18. Februar 1902 ihren regulären Betrieb aufnahm. Sie ist damit auch die älteste U-Bahnstrecke Deutschlands. Die sechs Kilometer lange Linie führte vom Stralauer Tor (später Osthafen, 1945 geschlossen) als Hochbahn Richtung Westen und tauchte erst kurz vor dem Zielbahnhof Potsdamer Platz in den Untergrund ab.

Die Trasse der Kreuzberger Hochbahn ist im frühen 18. Jahrhundert gewissermaßen durch die Zoll- und Akzisemauer vorgezeichnet worden. Zwischen 1734 und 1737 entstanden, sollte so auch das Desertieren von Soldaten verhindert werden. Sie führte im großen Bogen um Alt-Berlin herum und schloss bebaute Grundstücke sowie freies Feld mit ein. Im Süden verlief sie vom Halleschen Tor Richtung Osten fast geradlinig auf die Spree zu. Wegen des sumpfigen Untergrundes stand hier zunächst nur ein Palisadenzaun, der 1802 durch eine Steinmauer ersetzt wurde. In diesem Zusammenhang entstand auch das Schlesische Tor neu, als »ganz einfache Eingangspforte«.

Von Stadttor zu Stadttor verlief parallel an der Innenseite der Mauer eine Verbindungsstraße, damals Communikation genannt. An diese Tore erinnern heute noch die U-Bahnstationen Kottbusser Tor und Hallesches Tor. Zwischen dem Wassertor und dem Schlesischen Tor verliefen die »Cotbusser Communikation« und die »Lausitzer Communikation«. Daraus entstand nach Abbruch der Zollmauer 1866/67 die Skalitzer Straße mit einer etwa zwölf Meter breiten, grünen Mittelpromenade. Die Mauerteil östlich vom Schlesischen Tor wurde sogar erst 1881 abgerissen, das Torhäuschen 1888.

Auf der Mittelpromenade war ausreichend Raum für die sechs Meter hohe Hochbahntrasse. Kurz vor der Spree liefen sechs Straßen zu einem rechteckigen Platz zusammen. Für den dort geplanten Hochbahnhof sollte ein besonderes Gebäude auf der Verkehrsinsel entstehen. Einen ausgeschriebenen Wettbewerb gewannen Hans Grisebach und Georg Dinklage, die von 1889 bis 1901 in einem Architekturbüro zusammenarbeiteten. Der Bahnhof wurde 1899–1901 zweigleisig mit Seitenbahnsteigen unter separaten Dächern angelegt. Das Zugangsgebäude war im Stil der Neorenaissance gehalten. Die Eingangshalle liegt auf der Ostseite. Sie wurde 1926–29 durch einen Anbau erweitert. Die Eisenträgerkonstruktion mit vergoldeten Nieten sind braun bemalt, um den Eindruck einer Holzbalkendecke zu erwecken. Eine Erschließungstreppe teilt sich

Hochbahnhof Schlesisches Tor um 1902

auf einem Zwischenpodest in zwei Treppen zu je einem Bahnsteig.

Auf der westlichen Seite war ursprünglich ein großes Bahnhofsrestaurant untergebracht. Die Räume nutzte später das Kaufhaus am Tor (Kato) bis 1981. Das Kürzel Kato wurde danach von einem dort ansässigen Club weitergenutzt. Zusätzlich gab es einige kleinere Ladeneinheiten. Dem Zeitgeschmack entsprechend verwendete man rotes Sichtmauerwerk mit reichhaltigen Gliederungselementen wie Erker, Arkaden, Glockenhaube und Zwiebelturm. In dessen Wetterfahne finden sich die Initialen S und H (für die Firma Siemens & Halske). Der plastische Bauschmuck aus Sandstein ist ein Werk des Bildhauers Heinrich Giesecke.

Am 10. März 1945 erlitt der Bahnhof durch einen Bombenvolltreffer Beschädigungen im Gleisbereich. Zeitgleich wurde der bislang unbeschädigte Hochbahnhof Osthafen auf der anderen Spreeseite vollständig zerstört und nie wiedereröffnet.

Obwohl der Betrieb bald nach Kriegsende in Teilen wieder aufgenommen wurde, war die komplette Hochbahnstrecke erst wieder ab dem 27. April 1947 befahrbar.

Durch den Mauerbau am 13. August 1961 war das Schlesische Tor bis zum 13. Oktober 1995 Endbahnhof.

1962 verlängerte man die Bahnsteige um gut 17 auf 109 Meter mit Treppenanbauten aus Stahl. Der Bahnhof wurde 1980 unter Denkmalschutz gestellt und 1984–87 restauriert. 2019–22 kamen schließlich zwei Aufzüge hinzu, um Barrierefreiheit zu schaffen.

Name: Schlesisches Tor
Eröffnung: 18. Februar 1902
Namensänderungen: keine
Architekten: Hans Grisebach und Georg Dinklage
Heutige Linien: U1 U3

Krumme Lanke
32
BERLIN
580
580
BVG
576

Coca-Cola
U
Spittelmarkt
RESTAURANT SPITTELECK SEIT 1985
SPITTELBACK

Spittelmarkt

Der Spittelmarkt hat seinen Namen vom 1405 gegründeten St.-Gertrauden-Hospital. Einst vor der Stadtmauer gelegen, stand das Hospital bis 1872 an der Ecke Leipziger/Seydelstraße. Der Name wandelte sich von Hospital über Spital in Spittel.Der zugehörige Friedhof wurde 1734 geschlossen und später als Marktplatz genutzt, die Kapelle 1881 abgerissen. Der Platz, nunmehr im Zentrum der Reichshauptstadt gelegen, am Schnittpunkt von Konfektions- und Zeitungsviertel, sollte vom Potsdamer Platz her einen U-Bahnanschluss erhalten. Der morastige Baugrund direkt neben dem Spreekanal machte eine 15 Meter tiefe Pfahlgründung und eine 16 Meter tiefe Spundwand zwischen Bahnhof und Häuserfront nötig, damit die Gebäude nicht in die Baugrube rutschten. Zusätzlich stieß man auf Reste der mittelalterlichen Stadtbefestigung und auf zahlreiche menschliche Gebeine des erwähnten Friedhofes. Welcher Fahrgast ahnt wohl, dass er hier mitten durch eine Begräbnisstätte fährt, gewissermaßen auf Augenhöhe mit den Toten? Denn man befindet sich hier nur 3,70 Meter unterhalb der Straße.

Auf eine glanzvolle Eröffnung hatte man verzichtet, weil es vier Tage zuvor am Hochbahnhof Gleisdreieck einen schweren Unfall mit 18 Toten gegeben hatte. Ein Zug war einem anderen in die Flanke gefahren, wobei ein Waggon zehn Meter in die Tiefe stürzte.

Am Tag der Betriebsaufnahme musste der Verkehr vorübergehend gleich wieder eingestellt werden. Ein Zug war mit Motorschaden im Tunnel liegen geblieben.

Die Station Spittelmarkt war zunächst Endbahnhof, bevor es 1913 Richtung Alexanderplatz weiterging.

Grenander gestaltete die nur 2,60 Meter hohe Decke mit girlandenartig geschwungenen Linien. Diese findet man auch im U-Bahnhof Sophie-Charlotte-Platz, der ein halbes Jahr zuvor eröffnet worden war. Dort gibt es allerdings Seitenbahnsteige, während der Bahnhof Spittelmarkt einen Mittelbahnsteig hat. Auf beiden Stationen finden sich auch die nietenbesetzten Stahlsäulen, die für diese Schaffensperiode Grenanders typisch sind.

Der Clou sind 45 seitlich verglaste Öffnungen zum Spreekanal hin. Auf diese Weise fiel Tageslicht in den unterirdischen Bahnhof, ähnlich wie bei der Station → Rathaus Schöneberg. Die Fenster wurden 1941 wegen kriegsbedingter Verdunkelungsmaßnahmen und möglicher Gefahr durch Bombensplitter zugemauert und erst ab 1998 nach und nach wieder freigelegt. Bei Dunkelheit strahlt heute von innen blaues Licht durch die Fenster über das Wasser.

Gab es durch die Nähe zum Spreekanal hier nie einen Wassereinbruch? Nein, aber trotzdem ist der Bahnhof zwei Mal abgesoffen. Beim Bau des 125 Meter langen Spreetunnels zwischen den Stationen → Märkisches Museum und → Klosterstraße drangen am 27. März 1912 Wassermassen in den Tunnel ein. Und am 2. Mai 1945 sprengte die SS morgens um 7:55 Uhr in Höhe der Trebbiner Straße den Tunnel der S-Bahn unter dem Landwehrkanal. Man hoffte, damit der Roten Armee ein unterirdisches Vordringen ins Stadtzentrum zu erschweren. Fast zwei Millionen Kubikmeter Wasser stürzten durch den Tunnel. Sie liefen am Bahnhof Friedrichstraße über in die heutige U-Bahnlinie 6 und deren Kreuzungsstation Stadtmitte in die heutige U2 und fluteten somit auch den Bahnhof Spittelmarkt. Mit dem Mauerbau 1961 wurde auch das U-Bahnnetz zerschnitten. Richtung Westen fuhr die Ost-Berliner U-Bahn nur noch drei Stationen an, am Bahnhof → Anton-Wilhelm-Amo-Straße (damals Thälmannplatz, später Otto-Grotewohl-Straße, dann Mohrenstraße) war Schluss. Zudem lag die militärisch gesicherte DDR-Staatsgrenze nur etwa 200 Meter südlich vom Bahnhof. Insofern rückte die U-Bahnstation Spittelmarkt vom Stadtzentrum der Gesamtstadt an den Rand Ost-Berlins.

Im Zusammenhang mit der Sanierung nach der Jahrtausendwende gestaltete die BVG die ungenutzten Werbeflächen an den Tunnelwänden mit historischen Fotos von Friedrich Albert Schwartz († 1906) zum Thema »Berlin und Wasser«. Das macht das Warten auf den nächsten Zug kurzweiliger.

Name: Spittelmarkt
Eröffnung: 1. Oktober 1908
Namensänderungen: keine
Architekt: Alfred Grenander
Heutige Linie: U2

Spittelmarkt

SOS
U5 Hönow
Hauptbahnhof U5

Unter den Linden

Für den neuen U-Bahnhof Unter den Linden unterhalb der Straßenkreuzung Unter den Linden/Friedrichstraße musste ein Bahnhof seinen Namen ändern und ein anderer stillgelegt werden. Der S-Bahnhof Unter den Linden am Pariser Platz wurde durch einen U-Bahnhof ergänzt. Beide nebeneinanderliegende Bahnhöfe erhielten 2009 den Namen → Brandenburger Tor, damit der neue Kreuzungsbahnhof Unter den Linden heißen konnte.

Knapp südlich des neuen Bahnhofes war bereits am 30. Januar 1923 die Station Französische Straße in Betrieb gegangen. Sie gehörte zur am selben Tag eröffneten Strecke Nordbahnhof – Hallesches Tor. Nach Schließung der Grenze durch den Mauerbau am 13. August 1961 konnte die heutige U6 zwischen den West-Berliner Bezirken Kreuzberg und Wedding unter Ost-Berlin weiterhin verkehren. Allerdings musste sie ohne Halt durchfahren. Erst am 1. Juli 1990 wurde der Bahnhof wieder in Betrieb genommen. 1994/95 verlängerte man den Bahnsteig um 25 Meter, damit auch längere Züge hier halten konnten. Mit Eröffnung des neuen Bahnhofes Unter den Linden am 4. Dezember 2020 wurde die Station Französische Straße erneut stillgelegt, und die Züge fahren hier wieder ohne Halt durch. Der alte Bahnhof liegt zu nah am Neubau.

Der T-förmige Umsteigebahnhof Unter den Linden verfügt über drei Ebenen: In rund fünf Metern Tiefe fährt die U6 in Nord-Süd-Richtung (Seitenbahnsteige), in rund 14 Metern Tiefe die U5 in West-Ost-Richtung (Mittelbahnsteig), dazwischen gibt es eine Verteilerebene. Die Architekten Ingrid Hentschel und Axel Oestreich, die auch für den Bahnhof → Brandenburger Tor verantwortlich sind, konzipierten den Bahnhof hell und großzügig. Dies wird dadurch erreicht, dass die 14 Meter zwischen dem unteren Bahnsteig der U5 und der Oberdecke nicht verfüllt wurden, sondern den freien Blick auf alle drei Ebenen und somit eine klare Orientierung ermöglichen.

Der Rohbau des Bahnhofes wurde zwischen August 2012 und November 2017 in Wand-Sohle-Deckel-Bauweise errichtet (→ Rotes Rathaus). Dabei musste zuerst der bestehende Tunnel der U6 in diesem Bereich zurück- und neu gebaut werden. Das machte eine Streckensperrung zwischen den Bahnhöfen Friedrichstraße und Französische Straße vom 30. Juni 2012 bis zum 17. November 2013 notwendig. Der Stationsbereich für die Linie U5 konnte erst nach Durchfahrt der Tunnelbohrmaschine und die Herstellung der beiden Streckentunnel errichtet werden.

Der Ausbau begann im Sommer 2017. Für die Wände verwendete man bayerischen Muschelkalk. Auf dem Fußboden verbaute die Firma R. Bayer Betonsteinzeug aus Blaubeuren zwischen Juni 2018 und März 2020 auf insgesamt 5.000 Quadratmetern weißen feingeschliffenen Terraplan. Er ist strapazierfähig, leicht zu reinigen und dem klassischen Terrazzo optisch sehr ähnlich. Die Betonrezeptur kann hinsichtlich Gesteinskörnung, Farbpigmenten und Weisszement individuell abgestimmt werden. So wurde zum Beispiel für die schwarzen Streifen zur Gliederung der Bahnsteige ein schwarzes Pigment beigemischt. Die tragenden Säulen sind als Kontrast zum weißen Boden ebenfalls schwarz. Auf diese Weise entstand eine Bahnhofskathedrale in zeitloser Architektur.

Neben dem Bahnhof → Rotes Rathaus erklärte der Berliner Senat auch den Bahnhof Unter den Linden für werbefrei. Hier

übernahm die nahe Humboldt-Universität die Gestaltung der Hintergleiswände. 16 große Tafeln mit Bildern der Berliner Grafikerin Nele Brönner visualisieren dabei auf spielerische Art die wichtigsten Fragestellungen, mit denen sich die Wissenschaft im Anthropozän, dem vom Menschen geprägten geologischen Zeitalter, auseinandersetzt.

Die Strecke Hauptbahnhof–Brandenburger Tor (ehemals U55) war 1,8 Kilometer lang. Addiert man den Lückenschluss mit 2,2 Kilometern und die Reststrecke der U5 mit 18,3 Kilometern hinzu, ist die gesamte Strecke vom Hauptbahnhof nach Hönow am östlichen Stadtrand 22,3 Kilometer lang.

Name: Unter den Linden
Eröffnung: 4. Dezember 2020
Namensänderungen: keine
Architekten: Ingrid Hentschel und Axel Oestreich
Heutige Linien: U5 U6

U5 Hauptbahnhof
Unter den Linden
Friedrichstr.
Charlottenstr.
Friedrichstr.
Neustädtische Kirchstr.
U6 Alt-Tegel
U6 Alt-Mariendorf
Neustädtische Kir
Alt-Mariendorf
U5 Hauptbahnhof
Hönow U5

CAFE MÖHRING
KONDITOREI
Bahnsteig 1
Bahnsteig 1
DER TAGESSPIEGEL
GRÜNDLICH
SACHLICH
KRITISCH

Wittenbergplatz

Der rechteckige Wittenbergplatz wurde zwischen 1889 und 1892 angelegt. Er ist Teil des Generalszuges, einer Straßen- und Platzfolge in Schöneberg und Kreuzberg. Bei der Planung einer Hochbahnstrecke von Osten her verlangte die Stadt Charlottenburg, die Strecke unterirdisch zu führen. Das betraf auch den Wittenbergplatz, der damals zu Charlottenburg gehörte. Der Architekt Paul Wittig, Direktor und Vorstandsvorsitzender der Berliner Hochbahngesellschaft, entwarf einen einfachen Bahnhof mit zwei Seitenbahnsteigen und weißer Verfliesung. Von dort aus führten zwei Treppenaufgänge mit jugendstilgeprägten Portalbögen ohne Zwischenebene an die Oberfläche. Das Kassenhäuschen zwischen den Treppenaufgängen entwarf Alfred Grenander. Am 11. März 1902 ging die Strecke → Zoologischer Garten – Potsdamer Platz in Betrieb. 14 Tage später wurde auch die durchgehende Strecke zum Stralauer Tor befahren, ohne den Potsdamer Platz anzusteuern.

Am 27. März 1907 eröffnete Adolf Jandorf sein KaDeWe direkt am Wittenbergplatz, wo es einen guten Verkehrsanschluss gab. Der verbesserte sich noch, als die Hochbahngesellschaft 1910 plante, dort weitere Linien abzweigen zu lassen. Das machte einen Bahnhofsneubau notwendig, für den Alfred Grenander nach einer Architektenausschreibung den Zuschlag erhielt. Zunächst errichtete er die neuen Außengleise, um den laufenden Betrieb ab Juni 1912 auf diese zu verschwenken. Anschließend wurde der alte Bahnhof restlos abgerissen.

Der neue Bahnhof hatte fünf Gleise an drei nebeneinanderliegenden Bahnsteigen. Er ging am 1. Dezember 1912 in Betrieb, wobei aber hier zunächst weiterhin nur eine Linie (die heutige U2) fuhr. Erst am 12. Oktober 1913 kamen die Strecken zur Uhlandstraße (heute U1) und zum Thielplatz (heute U3) hinzu.

Als neues Zugangsbauwerk entwarf Grenander eine kreuzförmige Eingangs- und Schalterhalle mit quadratischem Turmaufsatz. Sie soll dem Grabmal der Galla Placidia in Ravenna nachempfunden sein. Die Halle dient auch dem Übergang zwischen den Bahnsteigen. Der Stahlfachwerkbau ist mit Muschelkalkplatten verkleidet, wo sich Neoklassizismus und Jugendstil treffen. Das mächtige Bauwerk wurde anfangs als zu massig kritisiert. Zudem zerstörte es die Sichtachse zur Kaiser-Wilhelm-Gedächtniskirche.

Außen hängen Richtung Osten unter den Fenstern steinerne Girlanden. An allen vier Giebeln sind reich verzierte Reliefsmedaillons angebracht. In deren Mitte befindet sich – kaum er-

Der Wittenbergplatz mit Bick auf die Kaiser-Wilhelm-Gedächtniskirche um 1915

kennbar – das Logo der Hochbahngesellschaft, ein zweiteiliges Flügelrad. Diese Figur war etwa seit dem 19. Jahrhundert als Zeichen für die Eisenbahn gebräuchlich. Man findet das Logo auf etlichen Bauwerken der Hochbahngesellschaft jener Zeit.

Man kann den Bahnhof von zwei Seiten durch eine der drei Türen betreten. Deren Rahmen sind mit reicher Ornamentik verziert. Innen ist die Halle mit glasierten, meist gelben Fliesen verkleidet. Durch die oberen Fenster fällt Licht in den Raum, das ergänzt wird von Deckenlampen und einer Laternenkonstruktion mit Uhr.

Seit 1926 fuhr von hier auch eine Verstärkungslinie vom Gleisdreieck über die Kurfürstenstraße Richtung Osten.

Am 23./24. November 1943 kam es kriegsbedingt zu einem Deckendurchschlag und Brandschäden. Am 29. Januar 1945 erlitt die Eingangshalle einen Volltreffer, die Tunneldecke wurde durchschlagen und der Bahnsteigbereich verwüstet.

Die Halle wurde bis Oktober 1951 in vereinfachter Form wiederhergestellt und 1982/83 von Wolf-Rüdiger Borchardt denkmalgerecht restauriert. Der Künstler Lutz Brandt aus der DDR erhielt den Auftrag, die Eingangshalle mit historischen Reklameschildern auszustatten. Er siedelte 1984 nach West-Berlin über. Die letzte Sanierung erfolgte 2019/20.

Im Frühjahr 1952 schenkte die Londoner U-Bahn der BVG zum 50. Jubiläum der Berliner U-Bahn ein Stationsschild im Stile der Londoner U-Bahn, das an der Tunnelwand auf Bahnsteig 1 hängt.

Name: Wittenbergplatz
Eröffnung: 11. März 1902
Namensänderungen: keine
Architekt: Alfred Grenander
Heutige Linien: U1 U2 U3

U2
Wittenbergplatz
U2 Theodor-Heuss-Platz
BERLIN
102

Zitadelle

Die letzten sieben U-Bahnhöfe am westlichen Ende der U7, von den Stationen Siemensdamm bis Rathaus Spandau, wurden im März 2017 unter Denkmalschutz gestellt. Dazu gehört auch der 110 Meter lange U-Bahnhof Zitadelle, der eigentlich erst Am Juliusturm heißen sollte. Im Gegensatz zu den anderen Bahnhöfen auf diesem Linienabschnitt gibt es hier keinen Mittelbahnsteig, sondern zwei Seitenbahnsteige. Da die wichtige Verkehrsader Am Juliusturm (Havelübergang) für den Bahnhofsbau nicht jahrelang voll gesperrt werden konnte, erbaute man deswegen erst den nördlichen, dann den südlichen Bahnsteig.

Deren beide überirdischen Zugänge haben die Form kleiner Häuser mit spitzem Dach. Während die hinteren Hälften aus Glaswänden bestehen, sind die vorderen Hälften am Eingang mit roten Klinkern verkleidet. An beiden Spitzgiebeln ist die Büste des Rochus Quirinus Graf zu Lynar angebracht, der ab 1578 Baumeister der Spandauer Zitadelle und anderer brandenburgischer Bauten war. Er starb am 22. Dezember 1596 in Spandau und wurde am 4. Januar 1597 in der Gruft der Nikolaikirche beigesetzt. Die Zitadelle, deren Ursprünge ins 11. Jahrhundert zurückreichen, gehört zu den bedeutendsten und besterhaltenen Festungen der Hochrenaissance in Europa.

Die Treppen führen abwärts zu einer Zwischenetage, von der man zu den beiden Bahnsteigen gelangt. Die Pfeiler und Wände sind in rotem Ziegelmauerwerk gehalten, auch die Bodenfliesen sind rot. Außerdem ist der Grundriss der Zitadelle mit markiertem Juliusturm in Stein und Messing in den Boden eingelassen.

Der Bahnhof, dessen Wände auch mit rotem Ziegelmauerwerk verkleidet sind, vermittelt den Eindruck, als würde die U-Bahn direkt im Keller der namensgebenden nahen Zitadelle halten. Die beiden parallelen Gleise sind durch eine niedrige rote Ziegelsteinmauer getrennt. Darauf stehen geriffelte, viereckige, rote Stützpfeiler, die oben in goldenen Kapitellen auslaufen. Der darüber liegende Balken wurde später dunkelblau getüncht. Die roten Fliesen auf dem Fußboden der Bahnsteige wechselte man 2016/17 im Zusammenhang mit dem Einbau eines Blindenleitsystems durch hellere Fliesen aus. Die Türen zu den Diensträumen sind mit schwarzen und weißen Schrägstreifen wie preußische Schilderhäuschen gestrichen.

An den Wänden zeigen reproduzierte historische Abbildungen die Entwicklung von Spandau und seiner Zitadelle. Auf weißen Emailleplatten stehen die kurzen Erklärungen dazu. Zu sehen sind Grundrisse der Festung und der Stadt Spandau von etwa 1640/50, ein Bauplan der Zitadelle von etwa 1583 sowie Bilder vom Bauherren der Zitadelle, Kurfürst Joachim II., und seinem Baumeister Graf Lynar. Des Weiteren sind Pläne von Stadt und Festung aus dem 18. und 19. Jahrhundert zu sehen. Außerdem zeigt eine Zeichnung von Giuseppe Pietro Bagetti den Blick von der Nikolaikirche auf die Zitadelle nach der Besetzung Spandaus durch die französischen Truppen im Jahr 1806. Schließlich sind auf einem Plan von Spandau aus dem Jahre 1982 die erweiterten Festungsanlagen bis 1903 eingetragen.

Spandau gehört zwar seit 1920 zu Berlin, dennoch empfinden sich viele Bewohner des Bezirks eher als Spandauer denn als Berliner. Um die sprichwörtliche »Autonomie« Spandaus von Berlin auch symbolisch zu demonstrieren, musste der damalige BVG-Direktor Joachim Piefke bei der Eröffnungsfahrt

im Bahnhof Zitadelle aussteigen, um eine Durchfahrgenehmigung zu erbitten: »Die bevauge beyder Stete Berlin und Cölln an der Sprew thut dem wohllöblichen Rath von Spandow an der Havel kundt, itzo und in Zukunft mit Electricitäts-Waggons in Spandow ein- und ausfahren zu wollen – zu Nutz und Frommen aller Bürger von Spandow und Berlin.« (zit. nach: Meyer-Kronthaler, S. 313) Nach eingehender Beratung sollen die Spandauer Stadtväter diesem Wunsch entsprochen haben.

Name: Zitadelle
Eröffnung: 1. Oktober 1984
Namensänderungen: keine
Architekt: Rainer Gerhard Rümmler
Heutige Linie: U7

Zitadelle
← Ausgang

WALDORF ASTORIA
U
Zoologischer Garten
30

Zoologischer Garten

Mit dem Bahnhof Zoologischer Garten, auch kurz Bahnhof Zoo genannt, verbindet man in der Regel die große stadtbildprägende Fernbahnhalle von 1940. Die kleinere S-Bahnhalle von 1938 daneben ist weniger auffällig. Der Bahnhof ging jedoch schon mit der Eröffnung der Stadtbahn vom Ostbahnhof nach Charlottenburg am 7. Februar 1882 in Betrieb, wenngleich die Station zunächst etwas kleiner war.

Der Zoologische Garten selbst entstand aus einer Fasanerie, die Georg Wenzeslaus von Knobelsdorff 1742 für Friedrich II. am Tiergartenrand anlegen ließ. Das Gelände, heute von der Fasanenstraße, der Hertzallee und der Müller-Breslau-Straße umschlossen, erstreckte sich Richtung Osten. Später stellte König Friedrich Wilhelm IV. den größeren Teil des Terrains für einen Zoologischen Garten zur Verfügung. Im Juli 1842 begannen die Erdarbeiten nach Plänen von Peter Joseph Lenné, und es entstanden die ersten Tierhäuser nach Entwürfen von Heinrich Strack. Die Anlage wurde am 1. August 1844 eröffnet und ist damit der älteste Zoo Deutschlands. Mit der Eröffnung des Bahnhofes direkt neben dem Zoo war der Tierpark für das breite Publikum gut erreichbar.

Eine weitere Verbindung wurde als Hoch- und Untergrundbahn am 11. März 1902 auf der Strecke zum Potsdamer Platz eröffnet. Charlottenburg hatte durchgesetzt, dass die neue elektrische Bahn hier nur unterirdisch fahren durfte. Am 25. März nahm man auch den Durchgangsverkehr Stralauer Tor–Zoologischer Garten auf. Der war ab dem 14. Dezember 1902 kein Endbahnhof mehr, als die Strecke bis zum Knie (seit 1953 Ernst-Reuter-Platz) verlängert wurde. So ergab sich eine Umsteigemöglichkeit zwischen U-Bahn und Stadtbahn (S-Bahn).

Grenanders U-Bahnhof mit den vom Jugendstil geprägten Eingängen ist nicht mehr erhalten, weil die Anlage 1929 umgebaut wurde. Die Seitenbahnsteige verlängerte man von 90 auf 110 Meter, damit Acht-Wagen-Züge hier halten konnten. In diesem Zusammenhang verlegte man auch die straßenmittigen Zugänge an den Straßenrand.

Zwischen 1952 und 1976 war der oberirdische Bahnhof Zoologischer Garten der einzige verbleibende Fernbahnhof in West-Berlin, also eine Art Hauptbahnhof. Insofern war die U-Bahn ein wichtiger Zubringer für viele Bahnreisende.

Da die beiden Nord-Süd-U-Bahnlinien 6 und 8 unter Ost-Berlin hindurchfahren mussten, plante West-Berlin eine neue Nord-Süd-Linie weiter westlich, die heutige U9. Sie sollte lang-

Zugang zum U-Bahnhof Zoologischer Garten um 1910

fristig den Wedding und Steglitz verbinden und sich am Bahnhof Zoo mit der bestehenden U2 kreuzen. Der alte Bahnhof mit Kleinprofil und Seitenbahnsteigen musste ab 1958 erneut umgebaut und verbreitert werden, darunter entstand der elf Meter breite Mittelbahnsteig für das Großprofil der U9. Am 28. August 1961, nur 15 Tage nach dem Schock über den Mauerbau, wurde der neue Bahnhof in der West-Berliner City eröffnet. Zunächst verkehrte die damalige Linie G nur zwischen Leopoldplatz und Spichernstraße. Die gesamten Wandflächen erhielten bei diesem Umbau eine warm-gelbe Verfliesung, die aber bald nachdunkelte und schmuddelig wirkte. Die Decke wurde wellenförmig ausgebildet, wie auf einigen Bahnhöfen dieser Strecke. Offensichtlich reichte das Geld nicht für alle Buchstaben, denn alte Fotos vom unteren Bahnsteig zeigen die abgekürzten Stationsnamen an der Tunnelwand: Zoolog. Garten.

Die 750-Jahrfeier Berlins 1987 war Anlass, den schlichten Bahnsteig der U9 mit dem spröden Charme der 1960er-Jahre samt Zugangshallen zu sanieren. Die Tunnelwände wurden mit cremefarbenen Kacheln versehen. Tiersilhouetten in Weiß oder Schwarz wie zum Beispiel Elefanten oder Flusspferde visualisieren den Stationsnamen, der nun sogar ausgeschrieben dasteht. Die Mittelstützen, die früher abwechselnd in Braun,

Weiß und Schwarz gehalten waren, wurden schwarz gestrichen. Im Rahmen einer weiteren Sanierung 2002/03 wurden sie mit grünem Glas und Metallbindern ummantelt. In diesem Zusammenhang erhielt der Bahnsteig neue Bodenplatten aus Granit.

Name: Zoologischer Garten
Eröffnung: 11. März 1902/28. August 1961
Namensänderungen: keine
Architekten: Alfred Grenander und Bruno Grimmek
Heutige Linien: U2 U9

U9 Rathaus Steglitz
2607
Zoologischer Garten
Villeroy&Boch

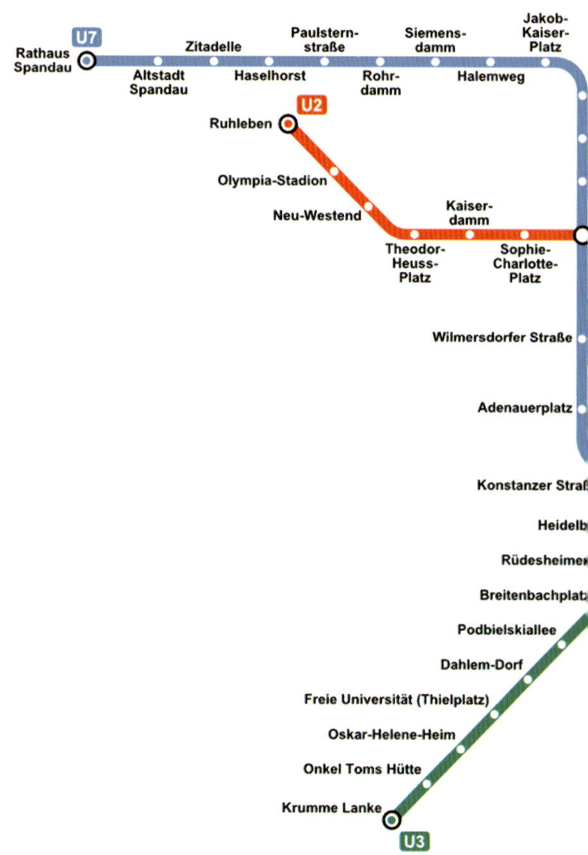
U7
Rathaus Spandau
Altstadt Spandau
Zitadelle
Haselhorst
Paulstern-straße
Rohr-damm
Siemens-damm
Halemweg
Jakob-Kaiser-Platz
U2
Ruhleben
Olympia-Stadion
Neu-Westend
Theodor-Heuss-Platz
Kaiser-damm
Sophie-Charlotte-Platz
Wilmersdorfer Straße
Adenauerplatz
Podbielskiallee
Dahlem-Dorf
Freie Universität (Thielplatz)
Oskar-Helene-Heim
Onkel Toms Hütte
Krumme Lanke
U3

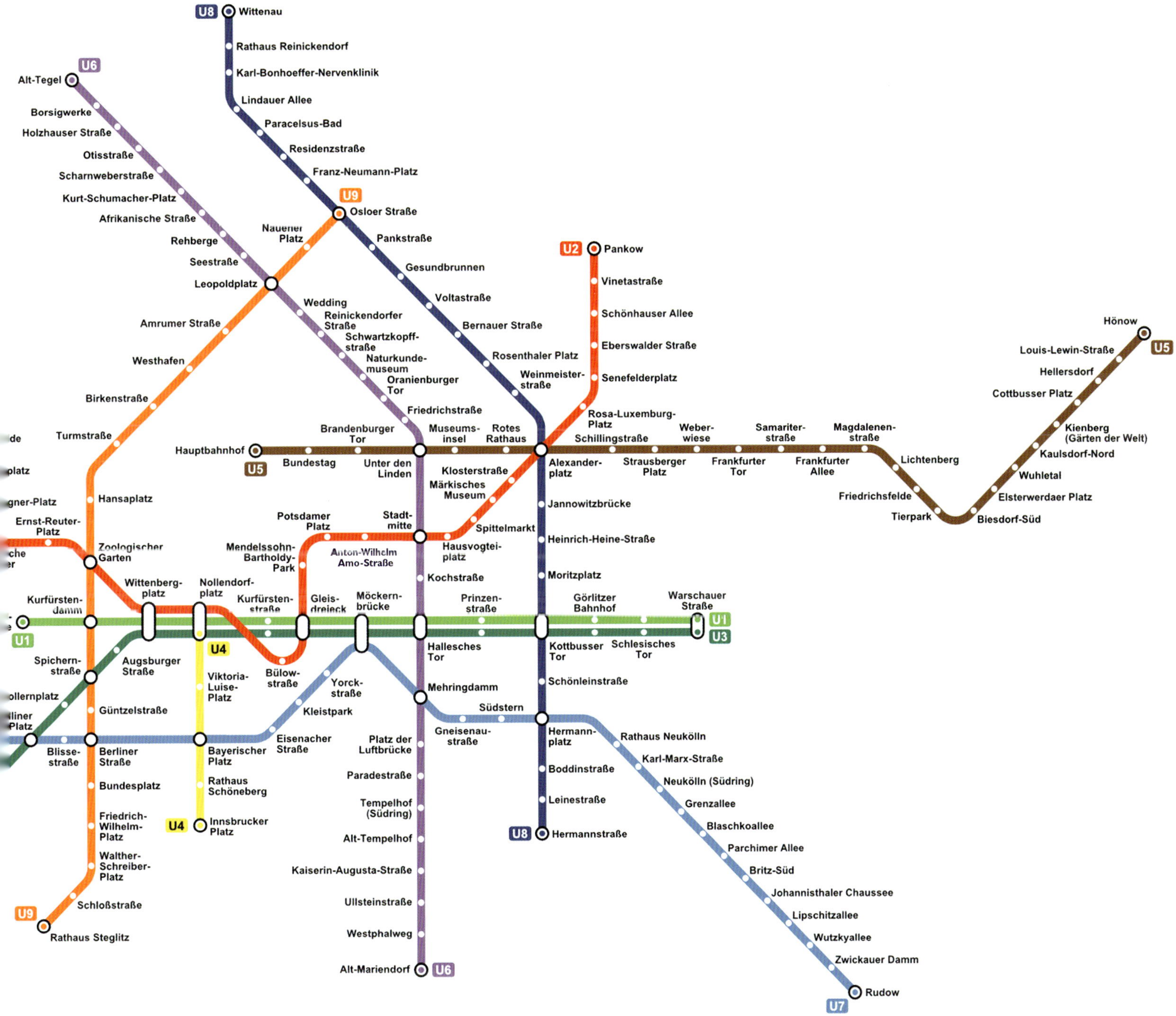
U8
Wittenau
Rathaus Reinickendorf
Karl-Bonhoeffer-Nervenklinik
Lindauer Allee
Paracelsus-Bad
Residenzstraße
Franz-Neumann-Platz
Osloer Straße
Pankstraße
Gesundbrunnen
Voltastraße
Bernauer Straße
Rosenthaler Platz
Weinmeister-straße
Alexander-platz
Jannowitzbrücke
Heinrich-Heine-Straße
Moritzplatz
Kottbusser Tor
Schönleinstraße
Hermann-platz
Boddinstraße
Leinestraße
U8
Hermannstraße
U6
Alt-Tegel
Borsigwerke
Holzhauser Straße
Otisstraße
Scharnweberstraße
Kurt-Schumacher-Platz
Afrikanische Straße
Rehberge
Seestraße
Leopoldplatz
Wedding
Reinickendorfer Straße
Schwartzkopff-straße
Naturkunde-museum
Oranienburger Tor
Friedrichstraße
Unter den Linden
Stadt-mitte
Kochstraße
Hallesches Tor
Mehringdamm
Platz der Luftbrücke
Paradestraße
Tempelhof (Südring)
Alt-Tempelhof
Kaiserin-Augusta-Straße
Ullsteinstraße
Westphalweg
Alt-Mariendorf
U6
U9
Nauener Platz
Amrumer Straße
Westhafen
Birkenstraße
Turmstraße
Hansaplatz
Zoologischer Garten
Kurfürsten-damm
Spichern-straße
Güntzelstraße
Berliner Straße
Bundesplatz
Friedrich-Wilhelm-Platz
Walther-Schreiber-Platz
Schloßstraße
U9
Rathaus Steglitz
U2
Pankow
Vinetastraße
Schönhauser Allee
Eberswalder Straße
Senefelderplatz
Rosa-Luxemburg-Platz
Klosterstraße
Märkisches Museum
Spittelmarkt
Hausvogtei-platz
Anton-Wilhelm Amo-Straße
Potsdamer Platz
Mendelssohn-Bartholdy-Park
Gleis-dreieck
Bülow-straße
Nollendorf-platz
Wittenberg-platz
Ernst-Reuter-Platz
U5
Hauptbahnhof
U5
Bundestag
Brandenburger Tor
Museums-insel
Rotes Rathaus
Schillingstraße
Strausberger Platz
Weber-wiese
Frankfurter Tor
Samariter-straße
Frankfurter Allee
Magdalenen-straße
Lichtenberg
Friedrichsfelde
Tierpark
Biesdorf-Süd
Elsterwerdaer Platz
Wuhletal
Kaulsdorf-Nord
Kienberg (Gärten der Welt)
Cottbusser Platz
Hellersdorf
Louis-Lewin-Straße
Hönow
U5
U1
Kurfürsten-straße
Möckern-brücke
Prinzen-straße
Görlitzer Bahnhof
Warschauer Straße
U1
U3
Schlesisches Tor
U4
Viktoria-Luise-Platz
Bayerischer Platz
Rathaus Schöneberg
U4
Innsbrucker Platz
Augsburger Straße
Blisse-straße
U7
Eisenacher Straße
Kleistpark
Yorck-straße
Gneisenau-straße
Südstern
Rathaus Neukölln
Karl-Marx-Straße
Neukölln (Südring)
Grenzallee
Blaschkoallee
Parchimer Allee
Britz-Süd
Johannisthaler Chaussee
Lipschitzallee
Wutzkyallee
Zwickauer Damm
Rudow
U7

Bitte hier entwerten
Please validate here
Automat Nr. E 8200

Literatur und Quellen

Bosetzky, Horst: Das Attentat auf die Berliner U-Bahn. Berlin 2015 (ePUB).

Gottwaldt, Alfred Bernd: Das Berliner U- und S-Bahnnetz. Eine Geschichte in Streckenplänen von 1888 bis heute. Stuttgart 2007.

Hengsbach, Arne: Am Ostufer der Havel. Zur Siedlungsgeschichte von Haselhorst. In: Der Bär von Berlin. Jahrbuch des Vereins für die Geschichte Berlins, Jg. XXV (1976), S. 182f. (https://web.archive.org/web/20131004222329/http://w3.siemens.de/siemens-stadt/paulst0.htm, 3. 11.2022).

Liebmann, Kathrin/Sittig, Lina Luisa: Deutsche Geschichte in 20 Bildern, https://bildhauerei-in-berlin.de/bildwerk/deutsche-geschichte-in-20-bildern-8455/

Meyer-Kronthaler: Jürgen: Berlins U-Bahnhöfe. Die ersten hundert Jahre. Berlin 1996.

Reichardt, Hans D.: Berliner U-Bahn. 75 Jahre elektrischer Schnellverkehr. 6. Aufl. Düsseldorf 1979.

Rümmler, Rainer G.: U-Bahnhof Fehrbelliner Platz. In: Bauwelt 4/1971, S. 140–143.

Schulz, Bernhard: Berlin – U-Bahnhof Fehrbelliner Platz. In: Deutsche Bauzeitung, 1. 2. 2016 (https://www.db-bauzeitung.de/architektur/berlin u bahnhof fehrbelliner-platz/).

Schützler, Heiko: Ein meisterlicher Modernist. Der Architekt Alfred Grenander (1863–1931) In: Edition Luisenstadt, Berlinische Monatsschrift, Heft 7-2/2001, S. 103–113 (https://berlin-geschichte.de/bms/bmstxt01/01072pore.htm).

Seegers, J./Liebich, C./Speier, L./Grübl, F.: Planung und Bau der Kanzlerlinie in Berlin/D. In: tunnel 03/2010 (https://www.tunnel-online.info/de/artikel/tunnel_2010-03_Planung_und_Bau_der_Kanzlerlinie_in_Berlin_D_914850.html).

Simon, Christian: Wilmersdorf. Zwischen Idylle und Metropole. Berlin 2015.

Simon, Christian: Dahlem. Zwischen Idylle und Metropole. Berlin 2016.

Im Untergrund von Schöneberg. Erste kommunale U-Bahn Deutschlands wurde 1910 eröffnet. In: Gazette Schöneberg & Friedenau, Mai 2017 (https://www.gazette-berlin.de/artikel/444-im-untergrund-von-schneberg.html).

Wikipedia-Seiten der 30 U-Bahnhöfe

https://www.architekturzeitung.com/innovation/95-hochbau/4181-u-bahnhof-unter-den-linden-in-berlin (5. 12. 2022)

http://www.u-bahn-archiv.de/dokumente/1926_verstaerkung.html (30. 10. 2022)

https://www.vde.com/de/geschichte/karte/berlin/siemens-hauptverwaltung (4. 11. 2022)

https://bildhauerei-in-berlin.de/bildwerk/adler-siemens-ehrenmal-5331/ (5. 11. 2022)

https://www.berliner-untergrundbahn.de/1939planung.html (10. 11. 2022)

http://www.berliner-verkehrsseiten.de (12. 11. 2002)

https://www.bz-berlin.de/berlin/charlottenburg-wilmersdorf/dieses-gelaender-war-einmal-eine-historische-berliner-bruecke (5. 12. 2022)

Bildnachweis

Fotos von Uwe Friedrich mit tatkräftiger Unterstützung von Marita Friedrich
akg-images: 37, 57 (TT News Agency), 137 (PAL/PB)
Archiv Christian Simon: 21
Alamy Stock Foto/Digitalsignal: 123 (RX0TN3)
picture-alliance: Umschlag vorne (dpa/Christoph Soeder), 122 o. (Zoonar/Maurice Tricatelle)
Wikimedia Commons: 25, 33, 41 (Gerd Danigel), 49, 69 (Gerd Danigel), 89, 90 o. (Axel Mauruszat), 117, 129

Verlag, Fotograf und Autor danken der BVG für die freundliche Fotogenehmigung.

Impressum

Bibliografische Information der Deutschen Nationalbibliothek
Die Deutsche Nationalbibliothek verzeichnet diese Publikation in der Deutschen Nationalbibliografie; detaillierte bibliografische Daten sind im Internet über http://dnb.d-nb.de abrufbar.

2., aktualisierte Auflage 2026

Asternplatz 3, 12203 Berlin
post@bebraverlag.de
Lektorat: Tanja Krajzewicz, Berlin
Umschlag: typegerecht berlin
Gestaltung: Uwe Friedrich, Berlin
Schriften: Frutiger, Stone Serif
Druck und Bindung: Finidr, Český Těšín
ISBN 978-3-8148-0270-1

www.bebraverlag.de

FSC www.fsc.org
MIX
Papier aus verantwortungsvollen Quellen
FSC® C014138